- 浙江数字化发展与治理研究中心"数字驱动文旅产业深度融合发展研究"
- 浙江数字化发展与治理研究中心、浙江省数字化改革研究智库联盟 学术支持

数字化改革研究系列丛书

DIGITALLY EMPOWERED URBAN
PRIMARY-LEVEL GOVERNANCE

DIGITAL CONSTRUCTION OF
FUTURE COMMUNITY

数字赋能
城市基层治理

未来社区数字化建设

吕佳颖　王雪羽　李　瑶◎著

ZHEJIANG UNIVERSITY PRESS
浙江大学出版社
·杭州·

图书在版编目（CIP）数据

数字赋能城市基层治理：未来社区数字化建设 / 吕
佳颖，王雪羽，李瑶著.—杭州：浙江大学出版社，
2023.6（2024.8重印）
ISBN 978-7-308-23872-4

Ⅰ.①数… Ⅱ.①吕… ②王… ③李… Ⅲ.①数字技
术—应用—社区管理—研究—中国 Ⅳ.①D669.3-39

中国国家版本馆CIP数据核字（2023）第099388号

数字赋能城市基层治理：未来社区数字化建设

吕佳颖　王雪羽　李　瑶　著

责任编辑	陈佩钰
文字编辑	葛　超
责任校对	许艺涛
封面设计	雷建军
出版发行	浙江大学出版社
	（杭州天目山路148号　　邮政编码：310007）
	（网址：http://www.zjupress.com）
排　　版	浙江大千时代文化传媒有限公司
印　　刷	杭州宏雅印刷有限公司
开　　本	710mm×1000mm　1/16
印　　张	14.25
字　　数	168千
版印次	2023年6月第1版　2024年8月第2次印刷
书　　号	ISBN 978-7-308-23872-4
定　　价	79.00元

丛书序

　　数字化改革是数字浙江建设的新阶段，是数字化转型的一次新跃迁，是浙江立足新发展阶段、贯彻新发展理念、构建新发展格局的重大战略举措。数字化改革本质在于改革，即以数字赋能为手段、以制度重塑为导向、以构建数字领导力为重点，树立数字思维、增强改革意识、运用系统方法，撬动各方面各领域的改革，探索建立新的体制机制，加快推进省域治理体系和治理能力现代化。

　　浙江历来是改革的先行地，一直以来不断通过改革破除经济社会的体制机制障碍、打破思想桎梏，激发经济社会发展的活力。进入新发展阶段，浙江聚焦国家所需、浙江所能、群众所盼、未来所向，按照"一年出成果、两年大变样、五年新飞跃"总体时间表，体系化、规范化推进数字化改革，以"三张清单"找准重大需求、谋划多跨场景、推进制度重塑，在现代化跑道上推动共同富裕示范区建设，逐渐形成与数字变革时代相适应的生产方式、生活方式、治理方式。在"两年大变样"即将完成之际，亟须社科界深入挖掘浙江数字化改革潜力、牵引全面深化改革取得开创性成效，总结数字化改革浙江经验、提炼数字化改革理论方法，寻找具有普遍性和规律性的内在动因和机制。

按照构建智库大成集智工作机制的理念思路，浙江省社会科学界联合会指导并组建以浙江数字化发展与治理研究中心为牵头单位，杭州电子科技大学浙江省信息化发展研究院等 21 家单位共同参与的浙江省数字化改革研究智库联盟（以下简称"联盟"），全面开展数字化改革研究，为浙江省数字化改革提供理论支撑和智力支持。自 2021 年 8 月成立以来，联盟一方面不断壮大规模，全面构建高水平研究团队，积极为浙江省委、省政府乃至国家建言献策；另一方面深化资源共享，创新多元化合作研究机制，构建浙江数字化改革实践创新案例数据库平台，打造展示浙江数字化改革的"重要窗口"。联盟持续发布了《浙江省数字化改革实践创新报告（2021）》《数字化需求测评报告》等系列品牌成果，其理论成果《关于数字化改革理论内涵的解读》入选 2022 年浙江省数字化改革"最响话语"。

党的二十大报告指出，要"以中国式现代化全面推进中华民族伟大复兴"，"扎实推进共同富裕"。浙江省第十五次党代会提出，"在高质量发展中奋力推进中国特色社会主义共同富裕先行和省域现代化先行"。数字化改革作为全面深化改革的总抓手，是实现现代化先行和共同富裕示范的"船"和"桥"，为扎实推进"两个先行"提供根本动力。站在新的历史起点，聚焦书写数字化改革浙江样本，高水平推进数字化改革，打造数字变革高地，浙江数字化发展与治理研究中心组织联盟成员单位，深入开展调查研究，剖析数字化改革实践案例，进行数字化改革理论创新，推动数字化改革探索和实践上升为理论成果，形成了数字化改革研究系列丛书。

　　该丛书凝炼数字化改革智慧、传播数字化改革经验、唱响数字化改革之声，旨在为经济社会高质量发展和治理体系、治理能力现代化提供智力支持。

　　作为智库联盟的大成集智产品，希望本丛书的出版能够起到抛砖引玉的作用，带动国内数字化改革、中国式现代化等领域研究的持续发展，也希望以此丛书为纽带，在无边界的研究群落中为更多的学者架起沟通、互动、争鸣、协同的桥梁。

郭华巍

浙江省社科联党组书记、副主席

2022 年 11 月于杭州

前　言

　　城市治理是推进国家治理体系和治理能力现代化建设的重要内容，随着现代科技尤其是信息技术在社会治理中作用的日益凸显，把科技这个"变量"转化为社会治理的"增量"，是提升城市治理效能的突破口。社区是城市的基本细胞，也是城市的缩影，城市生活的各要素、各环节在社区中都能有所体现。因此在探索数字赋能城市基层治理时，社区理应打头阵、当先锋。

　　未来社区，正在向我们走来。从 2019 年 3 月首批试点项目建设以来，浙江省已先后开展三批共 150 个未来社区试点和创建项目，包括整合提升、拆除重建、拆改结合、规划新建、全域创建等多种类型，已覆盖全省 11 个设区市、81 个县（市、区）。从提出概念、启动系统研究，到开展试点和创建项目，到全域覆盖，未来社区这一看似模糊的概念正在浙江逐渐清晰，落地生根。那么未来社区到底是什么？它是以人本化、生态化、数字化为价值导向的新型城市功能单元，也是以构建未来邻里、教育、健康、创业、建筑、交通、低碳、服务和治理等九大场景创新为重点的集成系统。其核心是把握好作为共同富裕现代化的基本单元和人民美好生活的幸福家园两个重要属性。未来社区的初心是解决城镇化进程中产生的一系列问题，以及在城市升级、需求升级以及技术升级趋势下，推动新的内需发掘，新的技术应用以及新的治理组织变革。时任浙江省委书记袁家军在 2021 年 10 月 16 日出版的《求是》杂志上发表《扎实推动高质量发展建设共同富裕示范区》署名文章，提出：全省域推进城镇未来社区建设，深入实施未来社区"三化九场景"推进行动，以未来社区理念实施城市更新改造行动，打造绿色低碳智慧的有机生命体、宜居宜业宜游的生活共同体、共建共治共享的社会综合体，这也凸显了共同富裕背景下对未来社区的根本要求。

同时，未来社区也是数字社会建设的神经末梢。社会建设是和人民群众生活联系最紧密、利益关切最直接的关键领域，也是机制体制改革最为复杂的领域。加强和创新社会治理是社会建设的时代课题，在新一轮科技革命推动下，人类正在加速迈向数字社会。数字社会是后工业文明的社会重构，它将以数据为纽带，搭建起全社会协同治理运行的网络机制，实现协同社会各部分的有效衔接。未来社区需要通过数字基建和数据互联，将物联网、数据平台与物理空间充分衔接，实现城市大脑、社区中脑和家庭小脑三个层级的打通，构建居民、社会、政府、企业等多方交互联结的数字生态，系统重塑生产方式、生活方式、治理体系和社会运行机制，让老百姓能够充分享受数字化改革的成果。整体来看，数字化改革赋能未来社区是技术理性与价值理性的融合统一。通过对未来社区的调研，笔者认为当前需要正确认识四个关系：（1）表与里：未来社区既要关注空间格局的改造，又要关注人的全面发展需求，通过激发居民参与社区的主动性，来提高社会文明程度。（2）新与旧：未来社区在规划新建单元和公共空间时，要注重资源共享，促进社会群体融合，改变老旧小区相对滞后的现状，以新带旧，新旧融合。（3）虚与实：未来社区要解决线上与线下的融合，依托社区数字化平台和线下社会治理和服务机构，建设便民惠民智慧服务圈。（4）政与企，政府搭台，企业唱戏，未来社区是共建、共享的共同体，要发挥市场主体的积极性，探索可持续运营政策和机制。未来社区数字化特征和模式可以总结为以下三点：（1）推进社区空间数字化，落地城市大脑应用，通过"数据融合＋资源聚合＋力量联合"构建虚实交融的数字孪生社区，破解社区空间资源的精细化管理、配置、利用难题，建设空间"智治"平台；（2）提升服务共享化，搭建党建引领与多种模式创新相结合的"1+N"服务体系，积极探索"平台＋管家""公益＋积分""标准＋个性"及"数智服务联盟"等模式，以共治促共享，激发参与"智治"动力；（3）着力政策精准化，通过数据赋能和多跨协同，打造"五个一"社区治理新模式，即信息一屏掌控、应用一网联通、业务一机通办、需求一键智达和数据一表录入，切实精准地把政策落实好、落到位，增强老百姓的获得感、幸福感，打造硬核"智治"成果。

根据浙江省未来社区发展历程和数字化建设经验，本书前三章分别从未来社区启动的背景、数字赋能城市基层治理的逻辑，以及国内外社区数字化建设经验三个方面勾画出了面向未来的社区治理创新图景；本书第四章从我国社区现存三端问题出发、从九大场景着手，构建起九大社区数字化建设模式，并提出三大数字赋能未来社区建设的核心特征，最终建立起浙江省未来社区数字化建设探索体系，较为完整地呈现了浙江实践和经验。第五章则展望了浙江省在创建"共同富裕示范区"的背景下，进一步创新未来社区数字化建设，打造城市基层治理金名片的未来走向。本书是在浙江数字化发展与治理研究中心课题组深入调研浙江未来社区数字化改革综合应用的基础上，结合各地政府、企业提供的优秀未来社区数字化案例撰写而成。浙江省社科联对本书的出版给予了专业指导，浙江大学出版社负责本书的出版。在此谨向各单位表示衷心的感谢。

吕佳颖

2022 年冬

目　录

第1章

智"惠"于民，启动未来社区建设

　　2019 年，浙江省的政府工作报告首次提出未来社区这个概念。建设未来社区，就是要寻找一条新的基层现代化治理路径，这是浙江省继特色小镇之后又一带动全局的重大创新举措。未来社区以人们对美好生活的向往为基础，以促进人的全面发展和城市进步为要旨，以改造老社区、建造新社区等方式，围绕社区全生活链服务需求，借助人工智能、区块链、云计算、互联网、物联网等现代信息技术，打造具有归属感、舒适感和未来感的智慧化城市社区功能单元。三年来，浙江省级未来社区创建项目总数达到了 467 个，这些对未来生活住区的探索，也将为今后全国城乡社区的改造、治理以及数字社会的整体构建提供有效样板。本章首先从时代、人和空间的变化三个维度来探究未来视野下的城市和社区。随后从基层视角出发，全面理解城市治理面对的各类挑战。此外，本章还介绍了浙江未来社区的建设内涵外延、政策实施、评价指标和发展趋势。未来社区是数字社会多跨场景落地的主要社会空间，因此本章最后对浙江省数字化改革的背景和过程，以及数字社会建设的内涵进行了阐述。

第一节　未来社区是未来城市治理的基本单元

党的二十大报告提出，要推进以人为核心的新型城镇化，以城市群、都市圈为依托构建大中小城市协调发展格局，推进以县城为重要载体的城镇化建设。坚持人民城市人民建、人民城市为人民，提高城市规划、建设、治理水平，加快转变超大特大城市发展方式，实施城市更新行动，加强城市基础设施建设，打造宜居、韧性、智慧城市。社区是城市发展的重要一环，承载着人们追求美好生活的愿景。如何将人类对未来的期望用一种治理过程和模式表达出来？这不仅需要我们在社区建设中创建更多的空间、提供更多的服务，更需要应用新城市科学和新科技，推动城市更新和存量发展，来提升社区的品质和创新社区的运营，同时解决邻里关系淡漠、交通拥堵、空间布局不合理等现有居住模式下的痛点。

一、未来视野下的城市与社区

（一）"未来"体现出的是时代的变化

首先，时代的变化反映在全球流动性增加，大规模的城镇化进程正在全球展开。发达国家已经步入后城镇化阶段，而大多数发展中国家当前还处于城镇化从起步到快速发展时期。城市是人类文明源起的主要标志、演进的主要载体，是人类社会生产生活各类要素资源高度集聚、各类活动高

度密集的枢纽节点，在人类社会时空拓扑结构中的地位十分关键。在许多
发达国家，伴随着经济发展，城镇化大多发生在工业化的初期阶段，中国
的城镇化进程则是在改革开放后逐步推进，并在 20 世纪 90 年代全球化进
程的影响下进一步发展，呈现出城市区域集中的趋势，城市群、城市带逐
步形成和扩大。在我国，城镇化是一个多维的概念，其主旨在于突出城镇
化发展进程中中小城镇的作用，因为中小城镇是承载农村人口转移的主要
区域[①]。中国当前所经历的城镇化进程，无论是规模还是速度，都是人类历
史上前所未有的。城镇化率从 20% 提高到 40%，英国经历了 120 年，法国
100 年，德国 80 年，美国 40 年，而中国仅仅用了 22 年（1981—2003 年）[②]。
中国城镇化水平继 2013 年超过世界平均水平后，2017 年达到中等收入国家
平均水平，2021 年中国常住人口城镇化率达到 64.7%。初步估计，中国城
镇化将于 2035 年进入成熟期，而这将是人类史上最大规模的一次人口现代
化进程。在我国城镇化发展实践中，东部的长三角地区最具代表性，是经
济发展格局中最具活力和潜力的核心地区，也是一系列经济社会和生态环
境问题等高度集中且激化的地区，同时又是全国战略重点地区。以浙江省
为例，自改革开放以来，城镇化的进程不断加快，截至第七次全国人口普查，
全省城镇化率已超过 70%（见表 1-1）。

① 姚士谋,张平宇,余成,李广宇,王成新.中国新型城镇化理论与实践问题.地理科学,2014(6):641-647.
② 陆大道.2006 中国区域发展报告：城镇化进程及空间扩张.北京：商务印书馆,2007.

表 1-1　浙江省历次普查常住人口情况与城镇化率

	城镇人口 / 万人	乡村人口 / 万人	城镇化率 /%
第一次全国人口普查 （1953 年 7 月）	289.27	1925.30	13.06
第二次全国人口普查 （1964 年 7 月）	306.86	2525.00	10.84
第三次全国人口普查 （1982 年 7 月）	999.69	2888.77	25.71
第四次全国人口普查 （1990 年 7 月）	1516.57	2628.02	34.35
第五次全国人口普查 （2000 年 11 月）	2276.51	2400.47	48.67
第六次全国人口普查 （2010 年 11 月）	3354.06	2088.63	61.63
第七次全国人口普查 （2020 年 11 月）	4659.85	1796.91	72.17

　　人口、工业和资本因城镇化的进程而在大城市集中，因为大城市具有积累人口、资本和投资的能力。东部城市群的城市建设与金融资本运作等行业较为发达，制造业和服务业处于领先水平，资本的利用效率也相对较高，集聚经济的区位效应也十分可观。集聚效应对于城市发展是一把双刃剑。

　　一方面，在高技能者向大城市集聚的过程中，也将带来大量低技能劳动力的需求，从而表现为城市规模对于就业和收入水平的正效应。研究发现，人们在大城市有更多机会找到工作，除了对于收入和就业的提升作用，大城市还因为规模经济效应而拥有较好的基础设施、公共服务和生活质量[1]。通过人口向大城市的集聚，借助于城市层面的规模经济，产生了对整个国家经济增长的带动作用。不仅如此，集聚也带来了更多元的文化，更便捷

---

[1] 陆铭 . 城市、区域和国家发展——空间政治经济学的现在与未来 . 经济学（季刊），2017(4):1499-1532.

的生活，生活方式也越来越与人性相一致，人口密度更高的城市反而是更宜居的城市。

英国经济学人智库 (EIU) 最新发布了"2022 全球最宜居城市排行榜"。该排名综合衡量了全球 172 座城市的安全、卫生、文化及环境、教育、基础设施情况，对犯罪、恐怖事件、医疗服务水平、食材及消费品供应和教育等 30 个指标进行评估。其中，排名前十的城市以来自欧洲为主，前三名的城市为维也纳、哥本哈根和苏黎世（见表 1-2）。而榜上排名最高的中国城市为北京（第 71 名），杭州、武汉、南京、西安、重庆和珠海等城市也在榜单中。可见，中国的城市在宜居程度方面还有较大的提升空间。新加坡国立大学开发的全球主要城市宜居指数很好地解释了宜居性与人性的匹配（见表 1-3），分为经济活力和竞争力、环境友好和可持续性、国内安全和稳定、生活质量和多样性、好的治理和有效的领导五个大类，体现了人们对于物质富足、自然环境、安全、社会文化以及公共治理的追求。

表 1-2   2022 全球最宜居城市排行榜前十位

城市	国家	排名	指数	稳定性	医疗保健	文化和环境	教育	基础设施
维也纳	奥地利	1	99.1	100.0	100.0	96.3	100.0	100.0
哥本哈根	丹麦	2	98.0	100.0	95.8	95.4	100.0	100.0
苏黎世	瑞士	3	96.3	95.0	100.0	96.3	91.7	96.4
卡尔加里	加拿大	3	96.3	95.0	100.0	90.0	100.0	100.0
温哥华	加拿大	5	96.1	90.0	100.0	100.0	100.0	92.9
日内瓦	瑞士	6	95.9	95.0	100.0	94.9	91.7	96.4
法兰克福	德国	7	95.7	90.0	100.0	96.3	91.7	100.0
多伦多	加拿大	8	95.4	95.0	100.0	95.4	100.0	89.3

续表

城市	国家	排名	指数	稳定性	医疗保健	文化和环境	教育	基础设施
阿姆斯特丹	荷兰	9	95.3	90.0	100.0	97.2	91.7	96.4
大阪	日本	10	95.1	100.0	100.0	83.1	100.0	96.4
墨尔本	澳大利亚	10	95.1	95.0	83.3	98.6	100.0	100.0

表1-3　全球主要城市宜居指数排名指标

指标类别	经济活力和竞争力	环境友好和可持续性	国内安全和稳定	生活质量和多样性	好的治理和有效的领导
指标体系	经济绩效 经济开放 基础设施	污染 自然资源消耗 环保措施	犯罪率 国家稳定 威胁 动乱	医疗和保健 教育 住房、卫生和交通 收入差距和人口负担 多样性和社区凝聚力	政策的制定 和执行 政府责任性 腐败
理想指标量	24	30	19	38	22
实际指标量	23	15	10	24	13

　　另一方面，随着城镇化进程的不断加快，城市发展也面临着诸多挑战，人口的不断集聚使得交通拥堵、邻里淡漠、能源紧缺、环境污染等"城市病"相继出现。作家贾平凹在1982年创作了一篇名为《静虚村记》的散文，其中记录了他对城市生活的观念转变："当年眼羡城里楼房，如今想来，大可不必。那么高的楼，人住进去，如鸟悬案，上不着天，下不踏地，可怜怜掬得一抔黄土，插上几株花草自以为风光宜人了。"[①]世界著名建筑与城市规划大师勒·柯布西耶2009年出版的《明日之城市》一书中曾毫不客气地指出，作为"人类工具"的城市已渐渐丧失它应有的功用："城市，

---

① 贾平凹.静虚村记.合肥：安徽文艺出版社，2013.

已失去效率，它们耗蚀我们的躯体，它们阻碍我们的精神。"①大城市要解决人口集聚带来的问题，而不是解决集聚，不应简单以控制人口数量来增强城市宜居性，而应该客观面对人口向大城市聚集的趋势；不应仅仅片面地把人口规模作为产生城市病的原因，而忽视了规划、技术和管理等因素在造成（或改善）城市病过程中起到的作用。在《大国大城》一书中，陆铭提出："总的来说，城市病可以通过技术与管理加以改善，拓展城市的承载力等。"②随着一系列新兴前沿技术的发展和突破——包括物联网、云计算、大数据分析、人工智能等，全球的科学家、企业和政策制定者对利用传感材料获取信息、建立和管理数据库、利用数学建模等手段进行预判的应用场景和风险防范手段日渐成熟，这也推动了智慧城市的发展和演变，使得未来城市这个理念在国内被推向一个新的高潮。何谓未来城市？我们可以将它理解为一种人类在不同的发展阶段、技术条件和社会文化背景之下，对未来生活场景提出的预测性、理想性的城市发展模式。

　　此外，城镇化的发展也改变了城市与社区的关系。管理学大师彼得·德鲁克曾说："新型的都市人类社会要想生存和健康发展，关键在于城市中社区的发展。我们的任务是创建一种前所未见的城市社会。"③城市与社区的关系，在一定程度上折射出发展过程中经济与社会的关系。一方面，城市是经济发展的重要容器，城市开发成为资本增殖的关键环节，城市一度被视为"增长机器"；另一方面，城市是人们生活的家园，人们在城市中学习、工作、交往、游憩，经历生命的悲欢喜乐。"一个伟大城市所依

① 勒·柯布西耶.明日之城市.李浩译.北京：中国建筑工业出版社，2009.
② 陆铭.大国大城：当代中国的统一，发展与平衡.上海：上海人民出版社，2016.
③ 美国德鲁克基金会.未来的社区.魏青江译.北京：中国人民大学出版社，2006.

靠的是城市居民对他们的城市所产生的那份独特的深深眷恋，一种让这个地方有别于其他地方的独特感情。最终必须通过一种共同享有的认同意识，将全体城市居民凝聚在一起。"人们在城市中的生活以社区为具体载体，社区是人与他人、人与城市、人与社会发生关联的生活空间与公共空间。因此，社区是未来城市设想中至关重要的部分，未来社区可以是多种多样的，是可以有多种想象的。历史学家尤瓦尔·赫拉利在《未来简史》一书中写道："'过去'从祖先的坟墓里伸出冰冷的手，掐住我们的脖子，让我们只能看向某个未来的方向。我们从出生那一刻就能感受到这股力量，于是以为这就是自然，是我们不可分割的一部分，也就很少试着挣脱、并想象自己的未来还有其他可能性。"[①] 当下对未来城市和社区的设想和探索，正是我们在努力摆脱这种力量的体现。

时代的变化反映在数字技术的急速发展。人类文明的演进历程，如果以生产方式革命为内核加以考量，大致可归结为三次大维度的跃升：从历史上的农业革命、工业革命，再到当下的信息革命。其中的每次革命，都重构了人类社会的时空拓扑结构，几乎涵盖所有组织和个人，当前世界之变、时代之变、历史之变正以前所未有的方式展开，数字化、网络化、智能化深刻影响人类生产方式、生活方式和社会治理方式，不断塑造世界经济和全球治理新格局。随着信息技术的更迭，变化的速度越来越快，人类社会的各领域正越来越广泛、越来越深入地被裹挟入信息革命的浪潮之中，从信息化、数字化到智能化，未来产业、未来通信、未来交通、未来能源、未来建筑、未来学校、未来医院……直至未来城市和未来人类自身逐渐成

---

① 尤瓦尔·赫拉利.未来简史.林俊宏译.北京：中信出版社，2017.

为政府与学界关注的焦点。《中华人民共和国国民经济和社会发展第十四个五年规划和 2035 年远景目标纲要》提出："完善城市信息模型平台和运行管理服务平台，构建城市数据资源体系，推进城市数据大脑建设。探索建设数字孪生城市。"从城市本身而言，它又是复杂巨系统，包括跨行业的子系统、跨部门的子流程、跨专业的子学科等。近年来，依赖于计算机与通信融合的第四次工业革命正以一系列颠覆性技术如人工智能、大数据与云计算、移动互联网（4G/5G）、传感网与物联网、混合实境（VR/AR/MR）、智能建造、机器人和自动化系统、区块链等对城市空间及生活产生重要意义。与前三次工业革命不同的是，这一次科技革命不仅带来城市生活场景和方式的转变，还为真实刻画和认识城市提供了前所未有的机遇，为更精细化的城市规划与管理提供了技术支撑，为未来城市构建了雏形。20 世纪初，面对快速工业化、城镇化所引致的严峻城市问题，以意大利诗人马里奈蒂发表的《未来主义宣言》为标志，在高技派的主导下，现代意义上的"未来城市"探索开始萌芽、发展[1]。"未来"是相对于过去、现在的时间概念，"城市"是一定历史时期社会经济发展的空间缩影，深受当时社会生产力水平的影响。对未来城市的探索是沉浸在城市发展历史长河中的永恒话题，未来城市的理论、方法和愿景等与特定时期的社会经济、技术创新以及公众诉求紧密相关。

　　近年来，随着信息技术与城市发展的进一步深度融合，未来城市研究在技术驱动、人本驱动以及两者的结合方面进行了更加深入的思考，数字、人工智能等各项技术将促进地球产生智能化的文明，未来城市将面临生态

---

① 沈玉麟 . 外国城市建设史 . 北京 : 中国建筑工业出版社，1989.

文明、高质量城镇化、治理城镇化、绿色低碳、都市圈化、全新的城市规划和建设形式等趋势[①]。在技术驱动层面，基于流和网络的概念，巴蒂[②] 提出了新城市科学理念，并对未来的智慧城市构架提出了细分，龙瀛[③] 也从新城市科学角度对颠覆性技术驱动下的未来人居科学提出了新的思考。在全球化浪潮中，未来城市也被不同程度地定义为"系统中的系统"，这一方面基于数字技术领域的不断突破创新，另一方面也需要社会文化资源的重组和创新。这一切都是为了实现新型城市在未来可持续发展的可能性。这也意味着，未来智慧城市要将其复杂的内在系统与所处的物质生态圈和文化生态圈联系起来。它们不应该仅仅是新技术的舞台，还要考虑到这些环境中人类的精神需求和变化。这就需要去定义一种可持续被整合的新"人类圈"，即在自然环境中被人类的新思维和新活动所改变的高科技区域[④]。在人本驱动层面，张京祥等[⑤]倡导"以人为本"价值理念的回归，并以杭州为例提出构建人、科技、自然协同发展的新型未来城市。伍蕾等[⑥] 从"技术"和"人本"协调发展的角度提出智慧宜居、智慧交通和智慧生态等方面的未来城市空间发展模式，解决的不仅仅是拆迁、改造问题，而是从"增量"逐步过渡到"存量"，发展重点由新城建设逐步向旧城功能完善、城市运行赋能等方向转变，要立足于城市"永续发展"核心价值，在正确把握未

---

① 吴志强. 空间规划的基本逻辑与未来城市发展. 国土资源科普与文化,2020(3):4-11.

② Batty M. The New Science of Cities. Cambridge: The MIT Press, 2013：65-98

③ 龙瀛. 颠覆性技术驱动下的未来人居——来自新城市科学和未来城市等视角. 建筑学报,2020(Z1):34-40.

④ 武廷海, 宫鹏, 李嫣. 未来城市体系：概念、机理与创造. 科学通报,2022(1):18-26.

⑤ 张京祥, 张勤, 皇甫佳群, 等. 未来城市及其规划探索的"杭州样本". 城市规划,2020(2):77-86.

⑥ 伍蕾, 谢波. "技术"与"人本"理念下未来城市的空间发展模式. 规划师,2020(21):14-19, 44.

来变化的基础上，改善城市人居环境，恢复或维持城市已经失去或正在失去的"城市时代牵引力"功能，"激发城市活力"。

复杂科学的发展为理解未来城市系统演化带来了新的视角。复杂科学更关注通过对方法的设计来反映复杂系统的自身特点，强调微观个体决策形成的整体结果，强调城市运行秩序由各要素随时间的发展演化规律、要素与要素之间的相互反馈等作用机理构成。同时，将城市类比为"生态系统"，关注其在演化中所面临的突变、非稳定（非均衡）状态及不可预测性，并由此建立了复杂适应系统。"适应"就是指系统每个主体都会对外界干扰做出自适应反应，而且各种异质的自适应主体相互之间也会发生复杂作用，造就这类新的系统的状态是不可预见地"涌现"的。在未来城市中，场景本身为数据采集或机器学习提供了一种参考系，以此来推动数据的重组，搭建不同模型之间的参数联系；数据的融合或模型的迭代又构成多层场景的学习过程。未来城市将真实世界之中的人、事、物抽象为数字世界之中的知识，并在真实的空间场景中再生产，加速知识的迭代，孕育出人机互动的智慧。这体现为敏捷感知、开放流通、创新应用三大部分；与之同时，这三大部分也在个人、企业、区县、市、省等不同的尺度上彼此交织，构成了多层次、多精度、多模态的复杂场景系统。

技术的进步和超前只是处于最基础层次的未来城市概念，它让未来城市的活动和景观表征得以某种形式地"超越现在"；层次位于其之上的未来城市则是"适应未来"的城市，城市的经济、社会与空间具有应对种种不确定性的能力与弹性，比如常说的"韧性城市"概念；再之上的层次是"迭代更新"的未来城市，这些城市具有持续保持创新活力、社会活力从而不断实现自我完善的能力；而最高层次的则是具有"永续魅力"的未来城市，这样的城市是依托文化、自然与科技的完美结合而迸发出对人的持续吸引力，从而实现城市的永续、健康发展。

（二）"未来"体现出的是人的变化

人的变化首先表现在人与人之间关系上。李录在《文明、现代化、价值投资与中国》一书中说道："科技会让人共同的认同感更加加深，让人和人的区别，传统国家之间的区别逐渐减少以至消失。而3.0文明的全球共同市场，会让人类的共同利益也加深，面对人类共同的挑战，也需要共同面对。"① 2021年9月26日，习近平主席向世界互联网大会乌镇峰会致贺信，强调让数字文明造福各国人民，推动构建人类命运共同体。习近平主席指出，数字技术正以新理念、新业态、新模式全面融入人类经济、政治、文化、社会、生态文明建设各领域和全过程，给人类生产生活带来广泛而深刻的影响②。

同样地，城市的主体也是人，从某种意义上说，城市文明的进化，就是城市与人之间关系的进化。不可否认，突破性的技术变革将对城市产生颠覆性的影响，但未来城市的意涵远不止于此。回归以人为本的核心价值取向，实现自然、文化与科技的和谐交融，才应该是贯穿于城市发展脉络之中的真理，才应当成为未来城市的核心。正如莎士比亚说过 "what is the city but the people"③。加拿大多伦多"未来城市"规划中也着重突出了以人为本的重要性，"当我们询问市民对未来城市的畅想时，我们没有听到对飞行器和飞天汽车的渴望，没有听到对摩天大楼的憧憬，我们听到的是

---

① 李录.文明、现代化、价值投资与中国.北京：中信出版集团，2020.
② 习近平向2021年世界互联网大会乌镇峰会致贺信.人民日报,2021-09-27(1).
③ 莎士比亚.科利奥兰纳斯 约翰王 麦克白.朱生豪译.上海：上海古籍出版社,2002.

一个个朴实、人本的愿望：可步行的街道、可负担的高品质居所、人与人的交往远多于人与手机的互动……（未来城市）是一个让所有人都可以称之为'家园'的地方"①。

在未来城市的视角下，社区的建设和更新也是难以绕开的焦点，既要关注物理环境的改善，也要关注精神家园的建设，比如居民的社会联系。社交需求是人类天然的需要，人们在国家与私域之间还要归属于某种身份认同或交往媒介，于是社群与人的生命相连。但随着现代性体系的建立，城市走向个人主义、高速流动、匿名和分异的演化，现代社会已然成为由单向度的人组成的陌生人社会，多数社会成员沉浸于一种自由且孤独的状态。承载生命意义，展现人性本真的生活共同体无法在主导现代城市的权力逻辑和资本逻辑中生长，它讲求温度和温情，旨在构建一种"关系密切、出入为友、守望相助、疾病相扶、富于同情味、拥有共同价值取向"的交往和秩序。此时，追寻人之社群性的复归，成为冰冷现代社会中的一抹温暖曙光。在从"乡土人""单位人"转型为"社会人"的背景下，过往熟人社会中的血缘关系逐渐松弛、业缘关系可能直接断绝。未来社区的复兴，要遵循人之社群性的要求，恢复和重建人的社会关系，基于共同利益和共同话题形成的关系纽带就成为打造生活共同体的不二选择。

人的变化也体现在人与技术的关系上。《未来简史》一书讲述了由于当今时代科技发展迅猛，以大数据、人工智能为代表的科学技术发展日益成熟，人类将面临进化到智人以来最大的改变，这将颠覆很多人们当下认为无须佐证的"常识"，比如人文主义所推崇的自由意志将面临严峻挑战，机器可能会代替人类作出更明智的选择。更重要的是，人类将面临以下三大问题：生物本身就是算法，生命是不断处理数据的过程；意识与智能的分离；拥有大数据积累的外部环境将比人们本身更了解自己。在《未来简史》中，作者认为如何看待这三大问题，以及如何采取应对措施，将直接影响着人类未来的发展，"一切都是数据处理。"[①] 如果把每个人都想象成一个处理器，人与人之间的交流就是信息交流，那么整个人类社会就是一个数据处理系统。整个人类历史，就是给这个系统提高效率的历史。数字化信息通信技术开启了人与人之间信息传递的新纪元，从根本上改变了人们与外界相互连接的方式，并由此给社会带来了革命性变化。由数字技术支撑的数字社会连接显示出了根本性变革[②]：第一，数字技术拓展了社会连接的边界，理论上，每一个人可以与任何一个人或所有人轻易相连；第二，数字网络促进了社会连接的信息共享，因为数字信息复制与传递的便捷，人与人之间可以进行几乎零成本的海量信息交流；第三，数字信息传递提升了社会连接的时效，数字网络中人与人之间的信息交流能够即时完成；第四，数字连接的便利带来了社会连接对于数字技术的依赖，人们在工作与生活中原有的连接方式转换成了数字网络的数字连接。

人的变化也体现在人与自然的关系上。人类自诞生就和自然存在着不可分割的联系，人与自然的关系是人类思索的一个永恒主题。人类社会的历史，实质上是人类活动和自然环境相互作用、相互制约的历史。人与自然是对立统一的关系。一方面，人是自然界的产物，由自然养育，在客观上形成了依存链、关联链和渗透链。随着生产水平的提高，人类认识自然、

① 尤瓦尔·赫拉利.未来简史：从智人到智神.林俊宏译.北京：中信出版社，2017.
② 王天夫.数字时代的社会变迁与社会研究.中国社会科学,2021(12):73-88，200-201.

改造自然的能力不断增强，人类与自然之间的相互关联、相互渗透越来越密切。另一方面，人与自然又是相互对立的。人类为更好地生存和发展，总是不断地否定自然界的自然状态，自然界又竭力地反对这种否定，力求恢复到自然状态。人与自然之间的这种否定与反否定，改变与反改变的关系，实际上就是作用与反作用的关系，如果处理不好，极易造成自然内部的失衡、人类社会的失衡、人与自然关系的失衡。因此，为了实现人与自然的和谐，一定要处理好人与自然的关系及自然界各部分之间的关系，实现人与自然的和谐，实现自然界内部的平衡。城市是人类文明的成果，也是人与其他物种共生共存的家园，城市的发展和人类与自然关系和谐发展密切相关。坚持人与自然和谐共生，就是要在城市规划、建设、管理各环节，牢固树立"尊重自然、顺应自然、保护自然"的理念，站在人与自然和谐共生的高度谋划经济社会发展，让绿色成为高质量发展的鲜明底色。这不仅能更好地满足人民群众日益增长的优美生态环境需要，也是培育城市高质量发展新动能、开辟永续发展新空间、探索绿色发展新路径、提升城市核心竞争力的需要。

　　具体而言，未来城市应重建以下几组共生关系：重建"人类—城市—自然"的共生关系，坚持绿色本底，以生态化思维超越传统增长主义思维，使城市成为人与自然交融、相生相依的共同体；重建"人类—城市—文化"的共生关系，以自信、创新的态度弘扬民族文化、地域文化精华，以包容、丰富的文化底蕴塑造人们的精神梦想，使文化影响力成为城市的核心竞争力；重建"人类—城市—科技"的共生关系，聚焦、回应人类发展的本真需求，使智慧、生态等技术进步真正服务于人的发展，促进美好幸福生活的实现。

（三）"未来"体现出的是空间的变化

空间的变化首先体现在规模扩张上。当下的城市运行方式，无论是居住、就业、休闲还是交通，都受到颠覆性技术的影响，空间作为容器装载了社会生活，也在发生着剧烈的演变。回顾过去，城市空间和城市运行方式已经发生了多维度的系统性变化，根据推演，未来的城市空间受到技术的塑造将更为强烈，在可以预见的未来，如3—5年间，不变的应该只有科技对日常生活和城市空间的影响，以及人类对自然的追求。随着城市规模的不断扩张，城市自身的复杂性也日益增加。巴黎城市规划师卡洛斯·莫雷诺曾提问："长久以来，无论生活在大城还是小镇，我们都忍受着在城市中的时间感被退化，我们为适应今天大多数城市极不合理的空间组织而耗费了大量时间。为什么我们必须牺牲生活品质？为什么不应当是城市对于我们的需求作出响应和改变呢？"

空间的变化也与时间离散息息相关。当今社会，全球超过一半的人口生活在城市之中。城市的出现伴随着时间和空间的离散化。在城镇化进程中，时空被标刻化和有序化，而信息流动在标刻的时空中被有序地组织起来，为有效的市场交易和持续的知识创新提供了可能。为了压缩流动时间或者说获得更多时间，城市空间被不断生产出来，同时流动及其所反映的主体间关系被持续地标识和认证。在这个意义上，城市既是生产时空的技术系统，又是特定的时空规则和结构。数字化释放了信息的流动性，并反过来优化或重构物理流动的秩序。时间被再次压缩了，空间约束却得以释放：虚拟空间只是一种"隐喻"，空间并非消失，而是在相对意义上可以被自由地支配。这样，不仅市场与社区、城市与乡村、自然环境与人工环境的边界日益模糊，更重要的是人在生产与消费中的角色也模糊了，这不仅指媒体信息的生产和消费，未来也可能发生在一切商品中，数据要素流通要解决的个性化不是在消费而是在生产中。

　　空间的变化还体现在虚实共生上。随着信息与通信技术对城市发展和治理影响的不断深入，城市空间设计也开始拥抱这些新兴技术增强空间的感知、反馈与互动。新兴技术既能通过虚拟形式实现对社会层面的场所营造，促进人与空间的互动，增强人的空间体验，又能以实体形式植入到物理空间中，增强对空间和该空间中自然人与法人等城市主体行为的感知，促进空间自反馈管理。在这个过程中，人与空间的各类信息也通过万物互联实现数字孪生，进一步实现对城市的数字化管理和运营。传统物质空间层面的规划设计与社会层面的场所营造、公众参与将与数字信息层面的交互设施、管理平台及相关支撑技术相融合。在这个过程中，多主体将参与到未来城市的设计、建造、运营和更新过程中。

　　面向未来的智慧城市不仅包含对现实世界的孪生，还包含虚拟世界与现实世界的互动和增强。具体而言，过去的城市是由物理空间及其承载的各类社会经济活动所构成的。随着互联网尤其是移动互联网的发展，网络社会开始崛起，孪生的社会空间逐渐形成。近年来，不断涌现的各类传感器及穿戴式设备将为数字孪生提供重要的数据支撑，孪生的物理空间也将形成，进一步实现万物互联。这种互联不仅体现在现实世界的人在孪生社会空间中的网络关系，还体现在物理空间中的各类事物在孪生空间中的相互关联。也就是说，数字不断融入市民生活，影响生产要素，也改变了生产方式、生产关系、生活方式、治理方式等经济社会运行模式。借由信息中台的一系列计算、运营和实施工具，现实世界中的两层空间将与虚拟孪生的空间相互关联，深度互动，通过未来城市的空间投影，促进城市空间的智慧化（见图 1-1）。

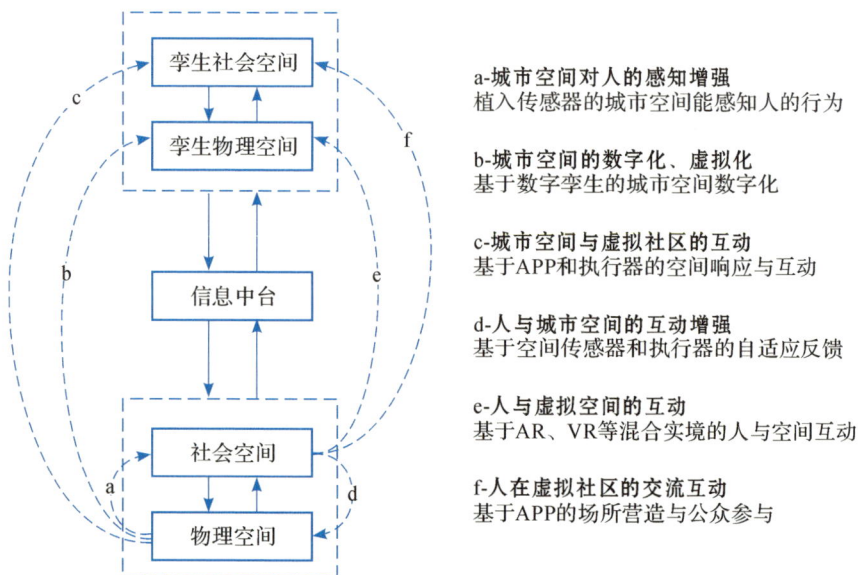

图1-1

孪生社会空间

孪生物理空间

信息中台

社会空间

物理空间

a-城市空间对人的感知增强
植入传感器的城市空间能感知人的行为

b-城市空间的数字化、虚拟化
基于数字孪生的城市空间数字化

c-城市空间与虚拟社区的互动
基于APP和执行器的空间响应与互动

d-人与城市空间的互动增强
基于空间传感器和执行器的自适应反馈

e-人与虚拟空间的互动
基于AR、VR等混合实境的人与空间互动

f-人在虚拟社区的交流互动
基于APP的场所营造与公众参与

图1-1　未来城市数字孪生框架

空间的变化也将作用于区域均衡上。在区域尺度，未来城市间非均衡状态有可能更加明显，功能联系或将超越地理邻近，成为发展的重要动力；在城市尺度，居住空间功能有望更加多元复合，线上线下生活服务得到进一步交融；就业空间更加灵活自由，第三空间办公可能会更加普及；游憩空间与新交互技术融合有望进一步创造激活新的城市空间场景与活力；交通空间随着无人驾驶技术的进步也可能在利用方式与效率上发生较大改变；城市服务变得更加实时、弹性与智能化；而城市基础设施会成为城市全域感知的关键，得到广泛普及与智能化应用。

空间干预、场所营造和数字创新，将是未来营造优质建成环境的创新方法。空间干预致力于从物理空间层面进行建成环境的创造和品质改善，是建成环境设计的核心，场所营造则致力于从社会层面促进人们在建成环境的交流互通，维持日常生活，提升社会生活功能的丰富度，近年来日益受到重视。而一系列新兴技术的逐渐成熟，使得将技术层面的数字创新与空间干预、场所营造相融合显得至关重要。如将数字创新技术以物联网等实体形式融入物理空间，或以虚拟形式如 APP 或信息平台形式促进场所营造，也有望利用数字创新技术提升空间干预与场所营造的互动。数字创新技术作为未来设计的潜在转型模式，有望促进城市空间的智慧化，实现智慧城市的空间投影[①]。

空间的变化在各类尺度上也具有重要性。城市是大尺度的建设空间，社区是小尺度的生活场所。社区依附于一定的土地和空间，物理空间特征构成了社区的第一属性。在"未来"的视角下，当社区对服务的便利性和可达度的重视程度超过对管理效率的强调时，社区空间便不再是传统行政方式所限定的空间范围，不再局限于居委会或者街道所划定的辖区，而是演化成一种服务人民、助益于城市良性发展的适度空间尺度。适度意味着人民在适度的空间范围内能够享受到便利的生活服务和公共服务，在适度的空间范围内围绕服务和设施形成的社区范围会迥异于传统社区，当下各地所打造的 15 分钟生活圈和邻里中心，都体现出人们对于这种社区的美好想象。基于适度空间的社区治理不仅要管理社区实体空间，还要让空间包纳的硬件设施、软件服务都能满足居民对于美好社区的预期。因而，社区公共空间设计与更新、社区空间综合体建设以及社区空间美学应用等是社区空间治理的重要内容。社区必须在适度的空间范围内满足居民交通、服

---

① 龙瀛．（新）城市科学：利用新数据、新方法和新技术研究"新"城市．景观设计学，2019(2)：8-21.

务、休闲、社交以及审美等需求，否则社区和城市很难被称为宜居。因此，将空间维度带回社区治理，将自然属性带回社区建设，这将是未来探索打造社区治理标杆的关键。

二、基层视角下的城市治理

（一）城市治理内涵

城市治理是推进国家治理体系和治理能力现代化建设的重要内容。随着现代科技尤其是信息技术在社会治理中作用的日益凸显，把科技这个"变量"转化为社会治理的"增量"，是提升基层治理效能的突破口。党的二十大报告指出，要完善社会治理体系。健全共建共治共享的社会治理制度，提升社会治理效能。在社会基层坚持和发展新时代"枫桥经验"，完善网格化管理、精细化服务、信息化支撑的基层治理平台，健全城乡社区治理体系，及时把矛盾纠纷化解在基层、化解在萌芽状态。市域社会治理是国家治理在市域范围内的具体实施，是国家治理的重要基石，事关顶层设计落实落地，事关市域社会和谐稳定，事关党和国家长治久安，意义重大、影响深远。习近平总书记指出，"城市是生命体、有机体，要敬畏城市、善待城市，树立'全周期管理'意识，努力探索超大城市现代化治理新路子"①。类似于人体，城市由各个系统有机结合而成，"城市是生命体、有机体"为推进城市现代化治理、实现城市可持续发展提供了新视角，也表明在数字化发展背景下，需要加快推进市域社会治理现代化，提高市域社会治理能力。加快推进新时代市域社会治理现代化，坚持以人民为中心，以解决市域内影响国家安全、社会安定、人民安宁的突出问题为着力点，以改革

---

① 习近平.在湖北省考察新冠肺炎疫情防控工作时的讲话.求是,2020（7）.

创新为动力，打造具有中国特色、时代特征、市域特点的社会治理新模式，提高市域社会治理现代化水平，使人民群众有更多的安全感、幸福感和获得感，为实现国家治理体系和治理能力现代化和"两个一百年"奋斗目标作出更大贡献。

城市治理以城区为重点，强化城乡联动，是我国行政体系中"接近基层"的中间枢纽，是落实顶层设计的中坚力量、推进基层治理的前沿力量，更是借助数字技术革新城市治理理念、治理结构等的承载单元。一言以蔽之，城市是政策落实的关键节点，是连接社会的重要单元，在数字政府发展过程中承载"枢纽"和"回应"双重功能。如今，在市场化、城镇化、网络化"三化"叠加的时代，数字化转型给城市带来的挑战和压力无疑是巨大的。公众物质和精神双重需求的提升、城市资源和生态环境的压力以及网络诉求和舆情的偾张，均对城市的健康有序运行提出了更高要求。因此，市域政府的治理功能之一，在于运用数字技术发现城市运行痛点，解决社会疑难杂症。要基于城市数字基础设施，打通城市中枢系统，针对市民和企业的"生命全周期"进行全过程数字化管理，感知并解决多元社会主体诉求的难点堵点。通过民情民意汇聚、社会风险感知和政府靶向回应，提升市域政府智能化治理水平。数字政府治理的分层与协同框架如图 1-2 所示。

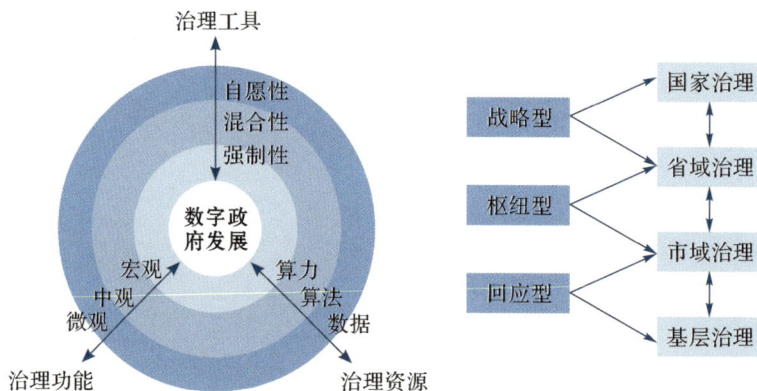

图1-2　数字政府治理的分层与协同框架[1]

（二）城市基层治理单元

城市的治理行为也必须坐落在一定的治理单元之上，即"在一定的具有空间、人口、组织、设施、部件等属性的内部展开"。社区作为城市社会的基本构成单元，是指集聚在一定地域范围的人群构成的社会生活共同体，最早的相关研究始于德国社会学家斐迪南·腾尼斯撰写的《共同体与社会：纯粹社会学的基本概念》[2]。社区的建设和更新，既要关注物理环境的改善，也要关注居民的社会联系。社区有物质空间的属性，也有社会、经济、文化、政治的属性，这种复杂性也凸显了社区多元的价值需求。社区需要有安全、规范、秩序等稳定性价值需求，也需要有包容性、多样性、参与感、认同感、活力度等发展性价值需求。

当前我国城市基层治理单元演变正处于"双属性社区单元"与"次级

---

① 赵娟，孟天广. 数字政府的纵向治理逻辑：分层体系与协同治理. 学海，2021(2):90-99.
② 斐迪南·滕尼斯. 共同体与社会：纯粹社会学的基本概念. 林荣远译. 北京：商务印书馆，1999.

社区微单元"并存的时期。在社会治理重心下沉、治理复杂性提升的当下，很多地方在治理实践中调整了社区治理的基本单元，在重组已有资源的情况下发掘潜在资源，以提升居民对社区治理的感受度和获得感。在当前的社区治理中，制度上的街道办仍是区政府的派出机构，居委会仍是基层群众性自治组织。但是，已有研究指出，居委会在社区治理中的作用及其活力，恰恰来自其对接上级街道办的"政权组织"的性质，这说明社区治理中行政化的部分仍至关重要。近年来，社区治理的主要实践方向是在承认社区居委会具有一定行政化色彩的基础上，通过鼓励成立业委会等各类社区居民组织、发挥社区党员带头作用、引入社会组织参与治理等方式，在党建引领之下，营造多元共治的局面，并已积累了丰富的经验。

　　然而，这一局面仍旧面临着悖论式的困境，其中一些问题与街道体制确立过程中的问题亦有相似之处。比如，"多元"意味着治理力量的多样化，但也意味着滑向无序的可能性，因此需要一定程度的整合；又由于行政化手段在促进治理需求的落实、协调不同公共服务的冲突中往往扮演关键角色，故而很容易成为整合多样化力量的主要方式，居委会亦面临不堪重负的局面。在多力量参与治理的现状与精准治理的要求的两相作用之下，用兼顾社会性与资源整合度的方式重构治理单元，就成为社区治理创新实践的重要思路。同时，基层社区治理的条块分割问题依然存在，城市社区的"条"，是指进行专业事务管理的各职能部门，如公安、工商、市政、园林、环卫等；"块"是指进行综合管理的地域性机构如街道党工委和街道办事处。条块分割是我国行政管理体制存在的一个比较突出的问题，也深刻地影响着社区组织体系发挥应有的功能。尽管在基层治理中，"条块结合，以块为主"的思路近乎成为一种共识，但条块分割的问题始终未能得到有效解决，职能部门与基层管理组织之间往往缺乏必要的沟通与协调。

新的科技手段创造了新的社会联结方式，也形成了新的社区发展模式和空间形态——"未来社区"。未来社区建设是城市基层治理的重要一环，是对城市规划、社区建设和治理模式的重大创新，也是迈向共同富裕的重要手段，如何在建设更智能、绿色、包容、普惠的未来社区的同时解决上述基层治理的各项冲突与难题，是未来社区建设的重要使命。

第二节　未来社区是城市更新实践的浙江探索

一、浙江未来社区政策总览

（一）浙江未来社区政策解读

浙江省作为全国首个提出未来社区概念的省份，于 2019 年 3 月正式发布《浙江省未来社区建设试点工作方案》，指出未来社区就是以人民美好生活向往为中心，聚焦人本化、生态化、数字化三大理念，构建以未来邻里、教育、健康、创业、建筑、交通、低碳、服务和治理九大场景创新为重点的复合系统，打造有归属感、舒适感和未来感的新型城市功能单元。未来社区理念、方式的复制、推广，将促使未来的城市更新向更人本、更特色、更创新、更系统、更智慧的模式转变。作为城市的神经末梢，未来社区的实践代表着我国城市居住区规划、建设和社区治理的创新方向。该政策推行以来，浙江省出台了系列相关政策（见表 1-4）。《浙江省未来社区建设试点工作方案》发布后，经过三个多月的申报工作，浙江省发改委于 6 月 27 日正式公布了首批 24 个未来社区试点创建项目，覆盖全省全部 11 个地级市，其中改造更新类试点创建项目 21 个，规划新建类试点创建项目 3 个，未来社区建设正式迈入进行时。该方案要求，规划新建类社区 2 年左右完成试点建设，改造更新类 3 年完工。与杭州地铁三期建设、萧山机场三期扩建工程一样，浙江省将未来社区首批试点项目的最终时间节点划定在 2022 年。未来社区与地铁、高铁、机场等基建设施一道作为杭州亚运带来的红利，推动杭州市乃至整个浙江省迎来大发展。

表 1-4　浙江省未来社区政策文件（2019 年 3 月—2023 年 1 月）

印发时间	印发单位	文件名称	文件编号
2019-03-18	浙江省人民政府办公厅	《浙江省未来社区建设试点工作方案》	浙政发〔2019〕8 号
2019-03-18	浙江省发改委	《关于开展浙江省未来社区建设试点申报工作的通知》	浙发改基综〔2019〕138 号
2019-09-04	浙江省发改委	《关于公布首批未来社区试点创建项目名单的通知》	浙发改基综〔2019〕363 号
2019-11-11	浙江省人民政府办公厅	《关于高质量加快推进未来社区试点建设工作的意见》	浙政办发〔2019〕60 号
2019-12-30	浙江省发改委	《关于开展浙江省未来社区建设第二批试点申报工作的通知》	浙发改基综〔2019〕183 号
2020-03-25	浙江省文化和旅游厅、省发改委	《高质量打造未来社区公共文化空间的实施意见》	浙文旅公共〔2020〕1 号
2020-06-04	浙江省发改委	《浙江省未来社区试点建设管理办法（试行）》	浙发改基综〔2020〕195 号
2021-03-25	浙江省发改委、浙江省住房和城乡建设厅	《关于开展 2021 年度未来社区创建的通知》	浙发改基综函〔2021〕228 号
2021-05-25	浙江省发改委、浙江省住房和城乡建设厅	《关于公布 2021 年未来社区创建名单的通知》	浙发改基综〔2021〕187 号

续表

印发时间	印发单位	文件名称	文件编号
2021-08-11	浙江省发改委	《未来社区数字化建设总体要求》标准征求意见稿	/
2021-11-22	浙江省城乡风貌整治提升工作专班办公室	《关于印发未来社区数字化建设指引（试行 1.0 版）的通知》	浙风貌办〔2021〕4 号
2022-01-28	浙江省人民政府办公厅	《关于开展未来乡村建设的指导意见》	浙政办发〔2022〕4 号
2022-02-24	浙江省城乡风貌整治提升工作专班办公室	《关于开展第五批城镇未来社区创建的通知》	/
2022-06-20	浙江省住房和城乡建设厅、浙江省城乡风貌整治提升工作专班办公室	《关于进一步加强城市园林绿化工作 助力城乡风貌整治提升和未来社区建设行动的通知》	浙建〔2022〕5 号
2023-01-14	浙江省人民政府办公厅	《关于全域推进未来社区建设的指导意见》	浙政办发〔2023〕4 号

2020 年 7 月，在第一批试点项目创建一年后，共 36 个第二批未来社区试点也随之公布，与第一批不同，第二批试点项目除了 31 个改造更新类试点创建项目和 3 个规划新建类试点创建项目，还包含了 1 个乡村类试点创建项目（湖州安吉余村）和 1 个全域类试点创建项目（杭州城西科创大走廊），全域未来社区和未来乡村的概念首次出现，城市更新的战略外延在不断扩大。

2021 年 5 月，浙江省公布第三批未来社区试点创建项目建议名单，本批试点创建名单阵容强大，涉及 90 个项目，超过了首批和第二批试点项目的总和，其中整合提升类创建项目 40 个，拆改结合类创建项目 27 个，拆除重建类创建项目 17 个，规划新建类创建项目 4 个，全域类创建项目 2 个。第三批未来社区创建工作重点支持整合提升类项目和拆改结合类项目，对未来社区的类型进行了进一步的细化，在现代化属性和家园属性的基础上继续坚持民生属性和普惠属性，杜绝了"一刀切"的大拆大建，加快推动未来社区实践成果更好惠及广大群众。同年底，第四批未来社区创建名单也随之公布，创建项目共 131 个，其中新建类 30 个、旧改类 101 个，主要针对存量社区开展整合提升，包括以公共服务设施提升为主要内容的局部拆除改造。这一批未来社区更加重视党建统领，强调建立社区党建统领的科学高效的社区治理架构，实现基层组织坚强有力、经济社会协调发展、民生问题有效改善、群众利益切实保障的社区治理目标。同时，浙江省城乡风貌整治提升（未来社区未来乡村建设）工作专班办公室也启动了首轮城镇未来社区验收工作，如火如荼建设的未来社区将迎来系统性的考察。

2022 年 5 月，186 个项目入选浙江省第五批未来社区创建名单，其中旧改类 173 个，新建类 13 个，至此，全省省级未来社区创建项目，总数达到了 467 个。在城镇社区建设专项规划指引下，最新一批的未来社区将加强 5 分钟、15 分钟公共服务圈建设，探索基本单元"一老一小"系统性解决方案，联动推进老旧小区改造和城乡风貌整治提升。整合社区及周边空间资源，重点推进邻里活动、养老托幼、健康管理、社区治理、商业服务等基础公共服务落实，推动特色场景落地见效。到 2025 年，浙江省计划累计创建未来社区 1500 个左右、覆盖全省 30% 左右的城市社区，健全全域推进未来社区建设工作的体制机制，使未来社区成为城市社区新建、旧改的普遍形态。

从社区更新的角度来看，其发展历程经历了由点到线再到面、从局部到整体的更新路径。最初的社区更新往往是碎片化、不成体系的，经常进行局部且零散的改造，例如扩大停车位、修整楼道、增加公共设施等，这样单点式的更新便于操作，但弊端也显而易见——缺乏统筹性的视野，容易出现"头痛医头、脚痛医脚"的局面，凡此种种，不胜枚举。在意识到局部性的点状更新的弊端后，社区更新开始转向线和面的整体更新，比如对一条街巷、一片生活区的更新。系统性的整体更新能够协调社区各个功能要素，满足居民更加多元化的需求。而未来社区则在系统性和整体性上更进一步，从出行、交往、创业，到教育、医疗、养老，它不再是单一功能的更新，而是覆盖了日常生活几乎所有场景，各场景之间相互衔接，层层推进，保证社区功能得到更好的完善。不难发现，未来社区概念的提出并非凭空而起，而是与之前提出的诸多社区发展与更新的概念一脉相承，如智慧社区、社区O2O、低碳社区、社区微更新、缤纷社区、15分钟社区生活圈等。它的创新之处正是将这些既有概念整合在了一起，获得整体性和系统性的统筹视野，以期达到1+1>2的效果。未来社区针对其发展的政策趋势，从建设试点、申报创建和管理办法到公共文化空间打造、数字化建设和城乡风貌，充分体现了浓郁的共富味、未来味、浙江味。2022年5月，浙江省共同富裕现代化基本单元建设工作推进会召开，时任省委书记袁家军强调加快推进城市和乡村有机更新，打造未来社区、未来乡村、城乡风貌样板区三大板块，高质量发展建设共同富裕示范区和提升省域现代化水平，更加体现了未来社区的战略重要性。

（二）浙江未来社区验收标准

为高质量推进未来社区创建工作，加快打造共同富裕示范区现代化基本单元，根据《浙江省未来社区建设试点工作方案》（浙政发〔2019〕8号）、《关于高质量加快推进未来社区试点建设工作的意见》（浙政办发〔2019〕60号）等文件要求，浙江省于2021年12月发布《浙江省城镇未来社区验收办法（试行）》，考核由评分项和加分项构成。评分项满分 520 分，加分项满分 120 分。评分从场景响应度、数字化平台落地性、运营可持续性和特色亮点塑造四个部分展开（见表 1-5）。

表 1-5　未来社区创建考核验收分值要求

考核领域	评分项分值	加分项计分值	验收条件	
场景响应度	360	40	新建类	达到 350 分
			旧改类	达到 200 分
数字化平台落地性	80	/	达到 56 分	
运营可持续性	80	/	达到 56 分	
特色亮点塑造	/	80	/	
总计	520	120	新建类	达到 500 分
			旧改类	达到 360 分

作为浙江省未来社区建设的"头雁"，杭州在完善未来社区制度体系方面屡出实招。不久前，杭州市城乡风貌整治提升工作领导小组办公室（市建委）发布了全省首个市级未来社区验收办法——《杭州市城镇未来社区验收办法（试行）》，在省级未来社区验收办法基础上，结合地方实际，为全市未来社区建设提供操作落地指导，进一步深化全市未来社区"省级试点、省级创建点、市级创建点"三级梯度创建格局。省市两级验收办法都明确验收通过标准为"满足考核总分和单项分值要求"。与省级验收办法稍有不同的是，杭州在结构上进行了创新，考核总分由居民满意度分数和场景建设分数两部分构成，即单列了居民满意度考核，将群众满不满意作为最重要的评价指标之一，让民意更凸显、工作更聚焦。

在指标上，杭州引入了相关居配标准、细拆大额分值，让指标更细化、实施更落地；另外，调整了单项的达标分值，约束性指标设置冗余分值、特色亮点塑造项增加特色分值，使得分更灵活、特色更鲜明，推动形成"大胆创新、百花齐放"的建设格局。同时，市级验收办法设置了党建考核评分标准，旨在将党建工作贯穿到未来社区建设全过程，逐步打造"党建统领、多跨融合、数智赋能、共建共享"的治理新格局，并提高了数字化要求，数字化平台落地性验收达标分值由省级的 56 分提高到 60 分。

作为城市重要的功能单元，如何让社区变得更聪明、更智慧，如何让社区居民更好地共享这份"未来成果"，成为每一位未来社区建设者必须思考和解答的问题。浙江省未来社区的建设目标，计划到 2022 年全面支撑环杭州湾大湾区建设，形成区域高质量发展模式，具体体现在：（1）引领以房地产业为主的产业转型升级，培育经济增长新场景；（2）为城市规划和建设提供新理念、新模式，加快新型城镇化进程；（3）对政府社会治理和服务提出了新要求，推动治理体制变革；（4）为人民群众的美好生活愿景带来更多可能，持续提升生活水平。未来社区的提出是对新时代的新生活追求和高质量城市发展的凝聚与精准施策，是浙江省城镇化高质量发展的新产品、新业态、新模式、新技术的创新需求[①]。未来社区建设开展以来，一场场"从试点到创建""从愿景到实景"的美丽嬗变正徐徐展开，未来社区是城市现代化发展的重要途径，为解决人民日益增长的美好生活需要和不平衡不充分的发展之间的矛盾提供了新思维和新机遇。

---

① 卓么措. 政府职能视角下的未来社区——未来社区的内涵、意义及建设对策. 浙江经济，2019(4):26-28.

二、未来社区与相关概念内涵

（一）未来社区内涵

未来社区的内涵和外延正在不断迭代创新，从城市发展的角度分析，未来社区是存量背景下的城市更新。我国进入高质量发展阶段，城市建设工作从增量开发转变为全面进入存量更新的阶段。2019 年 12 月，"城市更新"概念在中央经济工作会议上被首次强调，"十四五"规划纲要针对城市存量领域提出城市更新战略[①]。未来社区具有城市有机更新和新的居住区开发建设和运营的先进理念，在实践中取得明显成效。未来社区作为城市有机更新和解决"民生痛点"的重要综合性解决方案，将成为国家实现旧城改造政策的样本。现有城市空间，存在建筑结构老化、基础设施不足等问题。有机更新真正的难度，不在于"破"而在于"立"。未来社区不仅是城市策略，更是一场城市行动，其本质绝非简单的空间整治，而是探讨如何在一个相对较大的城市尺度，有机、合理地嵌入新的社交生活圈。

未来社区是打破边界的"人"的回归。社区内部与其外的城市空间之间简单的领地划分既导致了"最后一公里"问题的产生，也让居民在进出门的一瞬间产生"断档"，形成体验阻隔。以"人们对美好生活的向往"为中心，未来社区对"15 分钟生活圈居住区"、人才公寓、配套设施、公共绿地、复合空间、交通等模块化布局进行研究，分层次落实"5—10 分钟生活圈居住区"的相关要求，对产业导入和运营以及社区治理等内容进行详细的安排，解决老旧小区改造的痛点问题，引领创造新的生活方式[②]。

---

① 中华人民共和国国民经济和社会发展第十四个五年规划和 2035 年远景目标纲要 . 北京：人民出版社，2021.

② 张峰 . 未来社区：城市更新的"新范本". 智能城市，2021(24):39-40.

在数字创新的基础上，未来社区将围绕安全、便捷、社交等高频需求，结合最有发展潜力的基建技术，提供最大限度共享的服务。未来社区应以"人"为核心，重塑守望相助、充满人情味的人文社区，新经济时代城市发展理念应从关注"物"的增长向关注"人"的发展转变。

未来社区是循序渐进的系统工程。纵观我国城市社区建设历程，可以概括为三个层次：第一个层次是强化社区功能；第二个层次是建设文明社区；第三个层次是推进社区民主。作为数字社会神经末梢和共同富裕示范区的最小单元，未来社区从"新建为主"逐渐向"现存改造更新"转变，来到增点扩面、全面铺开阶段，应该被理解为更大尺度下的城市策略和一项层层递进的系统工程。未来社区引领城市更新的关键之一，在于通过要素的构建统筹城市或片区整体；无论是基础设施还是服务设施均具有网络性、系统性、公共性的特点，无法局限于单个地块内。只有从交通、功能、公共空间、智慧化运营等多方面与城市（或片区）进行系统组织，才可发挥整体作用[①]。

（二）完整社区与未来社区的关系

2022年10月31日，住房和城乡建设部办公厅和民政部办公厅联合发布《关于开展完整社区建设试点工作的通知》（以下简称《通知》），提出自2022年10月开始开展为期2年的试点工作，要求聚焦群众关切的"一老一幼"设施建设，聚焦为民、便民、安民服务，打造一批安全健康、设施完善、管理有序的完整社区样板，尽快补齐社区服务设施短板，全力改善人居环境，努力做到居民有需求、社区有服务，重点围绕以下四方面内

---

① 刘曼，洪江，陈勇，等．未来社区引领未来城市更新的规划思考．浙江建筑，2022(3):1–3+11.

容探索可复制、可推广的经验：一是完善社区服务设施，以社区居民委员会辖区为基本单元推进完整社区建设试点工作，统筹若干个完整社区构建活力街区，配建中小学、养老院、社区医院等设施，与 15 分钟生活圈相衔接，为居民提供更加完善的公共服务。二是打造宜居生活环境，结合城镇老旧小区改造、城市燃气管道老化更新改造等工作，加强基础设施改造建设。三是推进智能化服务。引入物联网、云计算、大数据、区块链和人工智能等技术，建设智慧物业管理服务平台，促进线上线下服务融合发展。四是健全社区治理机制。建立健全党组织领导的社区协商机制，搭建沟通议事平台，推进设计师进社区，引导居民全程参与完整社区建设。

完整社区是为群众日常生活提供基本服务和设施的生活单元，是在居民适宜步行范围内有完善的基本公共服务设施、健全的便民商业服务设施、完备的市政配套基础设施、充足的公共活动空间、全覆盖的物业服务和健全的社区管理机制，且居民归属感、认同感较强的社区。《通知》着力解决人民群众急难愁盼问题。要求开展完整社区建设试点工作，因地制宜探索完整社区建设方法、创新建设模式、完善建设标准，以点带面提升完整社区覆盖率，进一步健全完善城市社区服务功能，增进民生福祉，切实提高人民生活品质。浙江结合社区公共服务设施集成改革和未来社区建设的工作基础，将率先在全省域范围推动完整社区实施落地。未来社区建设是浙江推动共同富裕示范区建设的重大标志性成果之一，也是完整社区建设的先行实践、深化落实。浙江将以全域推进为主攻方向，完善社区建设指标体系、工作体系、政策体系和评价体系，优化治理机制，推动可持续运营，加快总结和凝练一批可复制可推广的案例库，打造共建共享品质生活的浙江范例，为完整社区建设提供浙江方案。

（三）现代社区与未来社区的关系

党的二十大报告指出，城乡区域发展和收入分配差距仍然较大，为进一步缩小浙江省城乡现代化差距、着力推进城乡融合和区域协调发展，浙江在社区基本公共服务均等化方面提出新举措——城乡现代社区服务体系建设。区别于未来社区，现代社区的边界更为广泛，包括城市社区、农村社区、融合型大社区大单元和工业区、城中村、城郊接合部和拆迁户聚集区以及国际社区，其内涵为高质量发展、高标准服务、高品质生活、高效能治理和高水平安全。该体系包括发展体系、服务体系、治理体系、应急体系、党建统领体系和社会组织发展体系。

时任浙江省委书记袁家军在浙江省城乡社区工作会议上强调，建设现代社区是贯彻习近平总书记关于城乡社区建设重要论述精神的实际行动，是高质量发展建设共同富裕示范区的题中应有之义，是推进省域治理现代化的现实需要，是全社会共同参与建设幸福美好家园的聚焦重点；是把"党建统领、整体智治"落实到"最后一公里"、推动数字化改革"1612"体系特别是基层治理"141"体系贯通到社区的重要抓手。我们要把现代社区建设放入高质量发展建设共同富裕示范区和高水平推进省域治理现代化的大场景来研究，以人的现代化为核心要义，以数字赋能为动力，以共建共治共享为导向，以未来社区和未来乡村建设为突破口和主要抓手，以党建为统领，凝聚各方力量，形成强大合力，探索基层公共服务新模式，全面强化社区为民、便民、安民功能，持续提升治理能力，着力建设现代社区，构建"舒心、省心、暖心、安心、放心"的社区共同体，打造高质量发展、高标准服务、高品质生活、高效能治理、高水平安全的人民幸福美好家园，同时以数字化改革牵引城乡社区智慧化水平提升，建立健全现代社区建设的体制机制，加快打造现代社区标志性成果。

《中华人民共和国国民经济和社会发展第十四个五年规划和 2035 年远景目标纲要》首次提出加快建设现代社区，明确"现代社区培育"的主要内容为：完善社区养老托育、医疗卫生、文化体育、物流配送、便民商超、家政物业等服务网络和线上平台，城市社区综合服务设施实现全覆盖。2022 年 1 月，国务院办公厅印发《"十四五"城乡社区服务体系建设规划》，以丰富城乡社区服务体系为切口，从完善服务格局、增强服务供给、提升服务效能、加快数字化建设、加强人才队伍建设等方面就现代社区建设作出安排部署，确定了社区固本强基等 14 项新时代新社区新生活服务质量提升行动。"现代社区"具有便捷性、技术性、安全性和基础性四大特点。为响应国家"十四五"规划的号召，浙江省政府于 2022 年 8 月 17 日印发《浙江省城乡现代社区服务体系建设"十四五"规划》（浙政办发〔2022〕52 号），明确主要目标、重点任务、保障措施等，提出到 2025 年基本实现全人群、全周期、全链条城乡现代社区服务智慧便捷、优质共享。城乡社区作为共同富裕现代化基本单元，承载着实现基本公共服务均等化的改革任务。

第三节　未来社区是数字社会系统的核心空间

一、数字化改革

（一）数字化改革背景

伴随着数字技术与政府改革、经济发展、社会民生、基层治理的深度融合，我国正加速迈进数字化发展的新阶段。2015 年 12 月，习近平主席在第二届世界互联网大会开幕式上的讲话中首次正式公开提出了"数字中国"的概念，并发布了"数字中国"的建设纲领。他强调，"中国正在实施'互联网+'行动计划，推进'数字中国'建设"。①数字中国是新时代国家信息化发展的新战略，是满足人民日益增长的美好生活需要的新举措，是驱动引领经济高质量发展的新动力。奋进新征程，党的二十大报告就加快建设数字中国作出了新部署：加快建设制造强国、质量强国、航天强国、交通强国、网络强国、数字中国。浙江推进数字化改革是数字中国建设的重要组成部分，"数字浙江"是"数字中国"的生动缩影。迈上新征程，浙江正朝着打造数字变革高地的宏伟目标奋力前行，发挥数字化改革在数字经济和数字社会建设等多个方面的引领驱动作用，促进数字技术与社会发展全面融合，构筑全民畅享的数字生活。

　　回溯浙江数字化改革发展历程，在 2003 年 1 月召开的浙江省十届人大一次会议上，时任省委书记习近平指出，数字浙江是全面推进浙江国民经济和社会信息化、以信息化带动工业化的基础性工程②。在他的领导下，"数字浙江"建设作为"八八战略"的重要内容加快推进。党的十八大以来，习近平总书记先后多次到浙江考察，对浙江如何全面深化改革和推进信息化发展作出重要指示，为数字浙江建设和数字化改革提供了科学指引。2014 年，浙江在全国率先部署"责任清单"工作，逐步形成了"四张清单一张网"的政府改革总抓手。2017 年 2 月，浙江省政府下发《关于印发加快推进"最多跑一次"改革实施方案的通知》，全面启动"最多跑一次"改革。2018 年，浙江以"政府理念创新＋政务流程创新＋治理方式创新＋

---

① 习近平：在第二届世界互联网大会开幕式上的讲话．人民日报，2015-12-17（2）．
② 未来已来　数字化改革开启浙江改革新征程．浙江日报，2020-12-21（1）．

信息技术应用创新"四位一体架构为主要内容的政府全方位、系统性、协同式变革正式启动，浙江"数字政府"建设进入加速发展期，"数字浙江"建设进入政府数字化转型阶段。同时，印发《浙江省数字化转型标准化建设方案（2018—2020 年）》，创新政策工具，明确提出要"全面实施标准化战略，深化国家标准化综合改革试点，以标准化支撑数字化转型"。浙江省数字化改革历史沿革见图 1-3。

图1-3　浙江省数字化改革历史沿革

2021 年是浙江数字化改革的元年，召开了全省数字化改革大会开局"十四五"，全面部署数字化改革工作，推动"数字浙江"建设进入新阶段。数字化改革以推进省域治理体系和治理能力现代化为目标，以实现跨层级、跨地域、跨系统、跨部门、跨业务的高效协同为突破，以数字赋能为手段，通过高效整合数据流，科学改造决策流、执行流、业务流，推动各领域工作体系重构、业务流程再造、体制机制重塑。

进入 2022 年，数字化改革经历一年的探索，在"1512"体系基础上，增加了"数字文化"系统，整合形成"1612"新体系。这与时任省委书记袁家军反复强调的观点——"在共同富裕中实现精神富有，在现代化先行中实现文化先行"相得益彰。何为"1612"："1"即一体化智能化公共数据平台（平台＋大脑），在进一步提升平台数据轨迹能力、数字资源统筹管理能力、基础设施支撑和安全保障能力等基础上，更加突出"大脑"建设，推动公共数据平台向智能化智慧化迈进，进一步提升预测、预警和战略目标管理能力。"6"即党建统领整体智治、数字政府、数字经济、数字社会、数字文化、数字法治六大系统，从全面深化改革的角度，这六大系统对应全面深化改革七大领域。第二个"1"即基层治理系统，这是数字化改革重大应用在基层集成落地、推动改革成果转化为治理效能的重要载体。要深化"县乡一体、条抓块统"改革，迭代升级"141"体系，设置党建统领、经济生态、平安法治、公共服务四条跑道，加快建设基层治理大脑，推动六大系统在基层综合集成、协同赋能，打造高效协同、整体智治的基层治理体系。"2"即理论和制度两套体系，这是数字化改革成果的两种转化方式，数字化改革理论体系要推动数字化改革理论创新，对经济、政治、社会、文化、法治等各领域各方面的体制机制、组织架构、方式流程、手段工具进行系统性重塑，找到业务协同背后的底层逻辑和普遍规律，推动改革实践上升为理论成果，更好指导数字化改革实践进一步拓展提升。其中，"6+1"系统作为数字化改革的主战场，根据中央和省委重大任务，设置若干条跑道，加快推进核心业务数字化全覆盖；各地各部门在跑道内创新创造，谋划开发数字化应用，形成体系化规范化推进的良好态势。

浙江省提出的数字化改革是围绕建设数字浙江目标，统筹运用数字化技术、数字化思维、数字化认知，把数字化、一体化、现代化贯穿到党的领导和经济、政治、文化、社会、生态文明建设全过程各方面，对省域治理的体制机制、组织架构、方式流程、手段工具进行全方位、系统性重塑的过程，期望从整体上推动省域经济社会发展和治理能力的质量变革、效率变革、动力变革，在根本上实现全省域整体智治、高效协同，努力成为

"重要窗口"的重大标志性成果。浙江省的数字化改革是深入贯彻落实习近平总书记关于全面深化改革和数字中国建设决策部署的自觉行动，是"最多跑一次"改革和政府数字化转型基础上的迭代深化，是全面深化改革的总抓手、迈向现代化的关键路径、主动塑造变革的新载体、系统化闭环管理的核心工具和共同富裕示范区重大任务的标志性成果。

（二）数字化改革理论内涵

数字化改革是顺应"万物互联"时代的新要求，以数字化为形式、数字技术为手段赋能经济社会全面转型的新跃迁。随着数字市场和数字技术的迅猛发展，数字化成为现代社会转型升级的加速器，受到越来越多的企业和政府管理者青睐。数字经济时代，如何合理高效地利用数字技术实现数字化改革值得深入探讨。刘晓萍[1]认为，数字化改革是机遇也是挑战，能否抢占数字化转型形成的竞争新优势，可能成为"后疫情"时期各个主要经济体变化的分水岭，对产业发展起着颠覆性作用。新一代数字技术从组织化迈向社会化应用，不仅改变了生产方式和管理体系，同时也更深刻地改变了社会资源的配置方式和社会组织的运行模式。张廷君等则强调"数字化"先是技术问题，再是制度问题，要利用数字技术助推标准化，通过标准化重塑制度体系，进而融合形成新的治理模式。地方政府数字化转型与改革是一项复杂的"治理变革"整体性工程，是伴随科技革命而递进升级的永续过程。对于政府数字化转型的演进规律，国外有学者认为，"以数字政府系统为基础的协同型政府建设将经历'火炉管'式的五个发展阶段，

---

[1] 刘晓萍.关于加快数字化改革应对新变局的几点建议.中国经贸导刊,2020(29):11-13.

包括组织、整合化、全国性入口、组织间整合以及需求驱动。"① 达雷尔·韦斯特作出判断，"政府数字化改革的发展经历了四个阶段：公告板阶段、部分服务供给阶段、系统服务的门户网站阶段、互动式民主阶段。"② 黄璜认为数字化改革需要建立系统化和复杂性思维，既要认识到当前社会复杂性——包括物理时空中既有的复杂性和由于信息流动规模扩大而带来的新的复杂性，以及两者叠加形成的复合的复杂性，又要认识到这些复杂性都是围绕人及其互动而形成的，因而促进社会各子系统协同发展的关键是促进人的发展。改革既要强调人在改革中的主体地位，避免走入"技术万能论"，又需要把"惠民生"作为数字化改革的出发点，保障数字空间中的公平、正义、普惠与安全③。刘渊在"关于数字化改革理论内涵的解读"一文中表示，从数字技术应用到数字化改革，是一场波及经济社会发展全局、涵盖生产力到生产关系的全方位变革④。新一代数字技术从组织化迈向社会化应用，不仅仅是改变生产方式和管理体系，同时也更深刻地改变了社会资源的配置方式和社会组织的运行模式。一场以数字化为形式、以技术进步为手段、以经济社会转型升级为目标的治理变革已经全面展开。数字化改革，既是数字化赋能全面深化改革，也是将数字领域纳入改革范畴。以数字化撬动各领域、各方面改革，已经成为当下和未来全面深化改革的战略选择。

数字化改革的意义不仅体现于具体的场景应用上，更在于推动生产方式、生活方式、治理方式发生基础性、全局性和根本性的改变，这是一个

---

① Bram K, Marijn J. Realizing joined up government dynamic capabilities and stage models for transformation. Government Information Quarterly，2009, 26(2): 275-284.

② 达雷尔·韦斯特. 数字政府：技术与公共领域绩效. 郑钟扬译. 北京：科学出版社，2011: 15-20.

③ 黄璜. 对数字化改革与转型的思考. 中国信息界,2021(2):52-53.

④ 刘渊. 关于数字化改革理论内涵的解读. 政策瞭望, 2021(3):2.

质变而不是量变的过程。牵一发而动全身，一子落而满盘活。数字化改革作为全面深化改革的总抓手，是现代化先行和共同富裕的"船"和"桥"，为现代化先行和共同富裕示范区提供了根本动力。破立之间，数字化改革在浙江大地引领着一场全方位、系统性变革。

具体而言，可以从改革方向、改革特征和改革重点三个方面，来理解浙江省数字化改革创举的内涵。

首先，需要把握好数字化改革的三大方向。一是推进省域治理体系和治理能力现代化。治理现代化是数字化改革的重要目的之一，也是落实党的二十大精神的重要举措。数字化改革需要着力于推进制度重塑，变革体制机制，提高省域治理科学化、精准化和协同化水平。二是激发活力、增添动力。通过破解要素配置问题，推动生产关系适应数字化时代发展规律和特点，进一步解放生产力，为社会增添新动能、创造新价值。三是打造全球数字变革高地。以数字化手段建立多主体间高效协同桥梁，打破数字壁垒，消除数字鸿沟，从而形成全社会共享"数字红利"的良好氛围。

其次，需要明确数字化改革的五大特征。一是一体化。主要包含省市县纵向一体化协同、各部门横向一体化贯通与业务一体化统筹规划。二是全方位。数字化改革具有极强的引领性、整体性和撬动性，是引领全社会发展格局、治理模式和生活方式变革的关键力量。三是制度重塑。通过数字技术的应用来重塑党政机关运行机制，重塑党政机关与社会、企业的制度联结，重塑多元社会主体的沟通机制。四是数字赋能。在确保数据安全的情况下，通过数字赋能，对每一项任务进行精准把控，提升整体协同能力。五是现代化。现代化作为数字化改革的内在要求，有助于全面贯彻新发展理念，推动质量变革、效率变革、动力变革。

最后，需要明确数字化改革的五大重点。一是聚焦党政机关。构建综合集成、协同高效、闭环管理的运行机制，推动党的全面领导在"制度""治理""智慧"三个维度持续提升。二是聚焦数字政府，以数字化手段加快推进治理体制机制全方位、系统性、重塑性变革，加快打造"整体智治、唯实惟先"的现代化政府。三是聚焦数字经济，围绕产业数字化和数字产业化，推动实现经济社会资源要素的高效配置和高效协同。四是聚焦数字社会，立足未来社区和数字乡村多跨场景，以数字社会"12有"为目标，更好满足群众的多样化服务需求。五是聚焦数字法治，综合集成社会主义法治全过程，推动法治建设系统性重塑，深化法治浙江建设，打造法治中国示范区。

二、数字社会建设

（一）数字社会建设内涵与战略要求

社会建设工作是直接服务群众的工作，与群众冷暖息息相关。随着经济社会发展，人民对美好生活的需要也日益多样化、多层次、多方面，不仅对物质文化生活提出更高要求，而且在民主、法治、公平、正义、安全、环境等方面的要求也日益增长，对社会建设提出了更高的要求。随着第四次工业革命走向纵深，大数据、人工智能、区块链等新一代信息技术得到蓬勃发展和深度应用，人类社会发展全面进入数字时代。国家"十四五"规划和2035年远景目标纲要对加快数字社会建设作出部署安排，提出"加快数字社会建设步伐""适应数字技术全面融入社会交往和日常生活新趋势，促进公共服务和社会运行方式创新，构筑全民畅享的数字生活"，描绘了未来数字社会建设的美好图景。

社会建设是和人民群众生活联系最紧密、利益关切最直接的关键领域，也是机制体制改革最为复杂的领域。加强和创新社会治理是社会建设的时代课题，是国家治理体系和治理能力现代化的重要内容。在新一轮科技革命推动下，人类正在加速迈向数字社会。数字社会是后工业文明的社会重构，以数据为纽带，搭建起全社会协同治理运行的网络机制，充分实现协同社会各部分的有效衔接。中国经济社会的高速发展与数字时代的来临高度重合，形成数字时代根本性社会变革最为显著的"社会实验"范本，为数字社会研究提供了最为丰富的经验基础，数字社会研究绝不仅仅是探索已有社会学命题在数字技术推动下的变化，更要认识到这是根本性社会变迁的过程，新的社会机制也正在快速浮现。

在国家战略和政府工作层面，扎实推进数字社会建设步伐也具有十分重大的意义，这是推动现代化发展的必然要求。"十四五"时期，我国开启了全面建设社会主义现代化国家新征程。大数据、云计算、移动互联网、物联网、人工智能等新一代数字技术迅猛发展，成为推进现代化建设的强大动力。新科技革命成果不断融入生产生活，改变传统的生产生活方式，改变人们的行为方式、社会交往方式、社会组织方式和社会运行方式，深刻影响人们的思想观念和思维方式，不断创造新的产业形态、商业模式、就业形态，推动我国现代化不断向纵深发展。加快数字社会建设步伐是顺应这一趋势的重大战略举措，是建设数字中国的重要内容，是推动社会主义现代化更好更快发展的必然要求。习近平主席在 2021 中国国际智能产业博览会的开幕贺信中指出，世界正进入数字经济快速发展的时期，5G、人工智能、智慧城市等新技术、新业态、新平台蓬勃兴起，深刻影响全球科技创新、产业结构调整、经济社会发展①。近年来，中国积极推进数字产业化、产业数字化，推动数字技术同经济社会发展深度融合，让数字化、网络化、智能化为经济社会发展增添动力。

新发展阶段，贯彻新发展理念必然要求构建新发展格局。新发展理念要求坚持创新、协调、绿色、开放、共享发展，数字社会建设体现了新发展理念的重要要求。随着大数据在网络空间不断生成、存储、流转和分享，各类资源要素都被整合进入特定的平台和场域，大幅提升了资源配置效率。数据已经成为一种全新的生产要素，不仅绿色环保，而且具有巨大创新功能，有助于加强线上线下联络沟通，推动人、物等跨越地域、空间、边界有效连接，实现万物互联，使生产要素的配置方式更加灵活多样，资源的利用更加节约高效。同时，人们可以随时随地参与网络活动，实现全时共在，使生产生活更加方便快捷，促进发展成果共享。

与此同时，数字社会建设为实现人民群众对美好生活的向往提供了技术支撑。随着我国社会主要矛盾发生转化，居民消费结构从生存型向发展型、享受型转变，人民群众对美好生活的向往越来越强烈，盼望就业更加灵活充分、住房更加宽敞舒适、环境更加生态宜居、服务更加方便贴心、教育更加公平优质、文体活动更加丰富多彩、就医看病更加便捷有质量、养老服务更加可及有保障、社会更加和谐有序。在新冠疫情防控中，广大居民足不出户就可以购买生活用品、获得居家服务，在线学习、视频授课保证大中小学校"停课不停学、不停教"，借助数字技术预约挂号、在线医疗等。数字技术的广泛应用，展现了数字化生活发展的广阔前景，成为创造美好

---

① 习近平向中国—上海合作组织数字经济产业论坛、2021中国国际智能产业博览会致贺信. 人民日报，2021-08-24（1）.

生活的重要手段。

（二）浙江省数字社会系统建设

"数字社会综合应用建设项目"是浙江省数字化改革的"1612"体系中的六大系统之一，也是数字化改革重点任务之一。项目以数字化改革撬动社会领域各方面改革，以满足群众高品质生活需求和实现社会治理现代化为导向，以与社会治理相关的数据、模块及应用为手段，打造一批多跨场景应用，为社会空间所有人提供全链条、全周期的多样、均等、便捷的社会服务，为社会治理者提供系统、及时、高效的管理支撑，发挥"民生服务＋社会治理"双功能作用，让城市和乡村变得更安全、更智能、更美好、更有温度。数字社会是开放复杂的系统，包含"幼有所育、学有所教、劳有所得、住有所居、文有所化、体有所健、游有所乐、病有所医、老有所养、弱有所扶、行有所畅、事有所便"等 12 个社会事业领域数字化改革，涉及了科教文卫游住等关系老百姓生活的方方面面，拓展和满足了群众更高层次、更多样化的需求，提升了人民群众的获得感、幸福感、安全感。浙江省数字社会系统建设突出 "服务＋治理"双功能定位，聚焦"城市大脑＋未来社区"核心业务场景，以省市县纵向贯通、横向部门高效协同为目标，明确各市和县(市、区)门户界面，更好解决百姓服务、社会治理的突出问题，加快建设集精准服务、精细分析、整体研判、智慧决策、协同指挥等功能"五位一体"的数字社会系统门户，加快成为数字社会系统建设的重大应用成果（见图 1-4）。

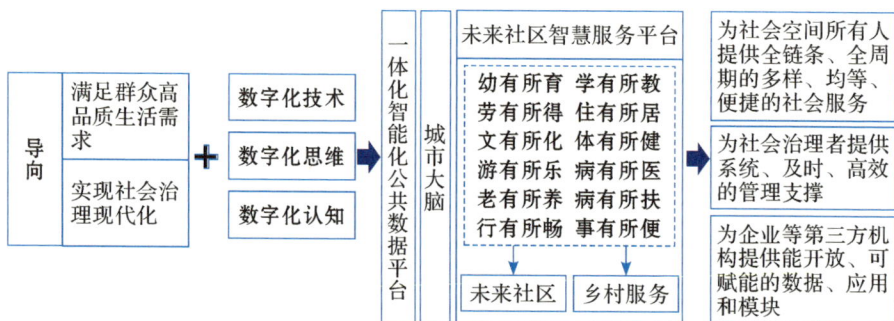

图1-4　数字社会系统建设

　　未来社区既是展示共同富裕的现代化基本单元，也是数字社会多跨场景落地的主要社会空间。未来社区数字社会建设的总体要求，即在社区空间尺度内落地数字社会，根据数字化改革总体要求和数字社会系统建设方案，建设社区智慧服务平台，贯通一体化智能化公共数据平台、城市大脑（与数字社会相关的数据、模块及应用），从解决居民的高频需求和关键问题入手，在社区平台嵌入多项高频应用，承接数字社会事业"12个有"优质公共服务精准落地，实现社区整体智治和智慧生活；基于数据安全与隐私保护准则，高效连接社区个性化、品质化、市场化生活服务，整合形成社区九大场景高质量应用，打造数字社会城市核心应用场景、共同富裕现代化鲜活单元。

　　为贯彻落实浙江全省数字化改革工作推进会精神，高水平建设承载数字社会多跨场景应用的综合集成平台，数字社会系统面向省级单位和各市、县（市、区）出台了门户建设"八个一"规范要点。

　　构建一套统一的数字化改革话语体系，推动数字社会门户规范化建设。以浙江省数字社会实际为基础，从重大任务、核心业务工作链、多跨场景应用等维度出发，探索数字社会领域话语规则，深抓数字社会系统门户各领域的业务定义与内涵，构建独有的语系语境与表述方式，达到高效牵引各项业务的目的，取得数字化改革话语体系相关理论和制度规范体系成果，走上门户建设规定跑道。

齐上一条"顶层设计 + 规定动作"的门户建设跑道，坚决防止数字社会建设变成"越野跑"。数字化改革要按跑道模式，规范化、体系化运行。各市、县（市、区）要根据数字社会系统顶层设计的要求，按照 12 个"有"领域基础应用、多跨场景应用、落地未来社区空间的总体架构，构建相关功能模块。坚持顶层设计，不断深化重大需求、多跨场景应用、重大改革清单、核心业务重构等"规定动作"，创新"自选动作"，总结效果和经验，确保门户建设执行有力。

坚持一个"共性贯通 + 地方特色"的建设模式，加快形成省市县全贯通的数字社会门户。立足浙江全省全景，由省级统一负责明确任务和量化指标，通过任务数据仓，形成横向贯通省级部门，纵向打通各市、县（市、区）的指标体系，强化工作推进执行链。各地结合省级任务，向上集成共享，建立各具特色的工作任务体系、指标体系和算法体系，形成横向、纵向、业务一体化的数字社会全域协同治理机制。在数字社会门户承载的多跨场景应用上，凡是省里统建的，市县不再重复建设；凡是社会事业 12 个"有"有关的多跨场景应用，均应纳入数字社会门户；凡是纳入"揭榜挂帅"的，其他市县也不再重复建设；凡是新立项目，都要经过一定机制的审核把关，避免重复建设，浪费资源。

形成一套信息安全管控体系，守牢数据安全底线。严格落实《中华人民共和国网络安全法》《中华人民共和国数据安全法》相关要求，各相关单位要守住网络和数据安全底线，做好门户建设的硬件安全管理、云基础设施安全管理、应用安全管理及人员管理等工作。围绕数字社会门户建设，广泛开展信息安全教育，建立权责清晰的安全管理体系，压实主体责任，落实信息安全工作责任制要求；落实信息安全等级保护、涉密信息系统分级保护制度，定期开展风险评估和安全测评；建立实战化、常态化的攻防演练机制，以实战演练为抓手，促整改、堵漏洞、防风险，不断提升网络安全防护水平。

推动一批民生"关键小事"上架"浙里办"，让多跨场景应用落地多起来、用起来。"关键小事"是事关群众切身利益的高频、高权重公共服务领域服务事项，可以是支持单独办理的原子服务事项，也可以是从方便群众办事角度集成优化的多跨联办"一件事"。数字社会系统的基本型就是要按照高质量发展建设共同富裕示范区的要求，打造民生"七优享"金名片。各地应在承接好规定的 50 项小事的基础上，因地制宜，在每一张金名片下细分领域，每个细分领域谋划开发 N 个多跨场景应用，探索 X 项"关键小事"，推动上架"浙里办"，对具有普遍意义的，将提炼为全省共性"关键小事"。

提炼一批核心指标，进一步深化细化核心业务梳理，理清数据来源，实现数据层层下钻，确保数据有用好用。数字社会系统核心业务梳理要聚焦重大任务和部门"三定"，按照"V"字模型开展，遵循任务定义、逐级拆解至最小任务项、确定任务执行链、建立四大体系、确定数据需求、确定数源系统、确定业务协同流程、确定数据集成流程、业务集成、数据集成、智能分析、集成流程监控、形成整体画像的步骤，其中核心业务指标要按时间、区域、业务特性逐层分解，做到核心业务"心中有数"。

　　形成一个服务与决策的闭环迭代体系，联动开发门户服务端和治理端。坚持为群众服务为先，从老百姓需求出发开发门户服务端。通过服务端群众的有效反馈与治理端政府的决策数据充分结合，建立可持续的闭环反馈机制；服务与治理要不断迭代升级，紧扣新情况、新问题开展需求分析，充分发掘各条线协同能力，不断由旧值递推出新值，把每一次结果作为下一次工作的初始值，引导服务从"可用"向"易用""好用""爱用"迭代转变，发挥数字社会服务加治理双轮驱动的效力。

　　建立一套可行的开发和可持续运营机制，处理好政府和市场的关系。建立常态化监测巡查机制，通过技术手段和人工手段，不定期对已经上线数字社会专区的应用进行巡查，及时发现、解决上线应用存在的问题，加快将数字社会打造成老百姓管用好用爱用的专区应用。在开发和运营中，厘清政府、市场等多元主体的边界，政府要发挥好统筹协调作用，借助第三方市场力量，通过全省一体化智能化公共数据平台和城市大脑，为企业等第三方机构提供能开放、可赋能的数据、应用和模块，加快打造数字社会"邻系列""享系列"品牌，探索构建数字化时代新规则、新政策和新机制，寻找可持续建设运营的长效机制。

第2章

乘"数"而上,厘清赋能底层逻辑

　　浙江省凭借数字化改革,省域数字治理能力和治理现代化水平走在全国前列,为全国其他省份的数字政府与数字治理提供了借鉴与参考。然而,各界主要关注数字技术的应用及可能带来的收益,缺乏对数字赋能的机制和规律的总结及思考,数字赋能基层治理的逻辑也不甚清晰。数字化改革不仅仅是技术和应用的革新,其价值更是体现在基层治理的机制创新。我们需要更加深入地认识数字赋能的逻辑与路径,以更好地指导数字治理的实践。本章对基层和社区研究相关理论进行了梳理,剖析了数字化推动基层治理现代化的逻辑:首先从治理层面入手,基于基层治理、数字治理理论探讨数字赋能基层治理的逻辑;然后从社区层面,通过结构功能视角中的社区规划与社区营造理论、共同体视角下的互动与冲突理论探讨社区的运营及潜在的问题;最后通过"地方"视角下的"去地方化"与"再地方化"过程阐释数字赋能社区发展的逻辑与路径。

第一节　当基层治理遇上数字技术

一、基层治理理论

（一）基层治理内涵

治理，源于拉丁文和古希腊语，原本是指控制、引导或操纵。长期以来治理和统治两词被交叉使用于国家的公共事务管理与政治活动中。1995年，在全球治理委员会发布的《我们的全球伙伴关系》报告中，治理被正式定义：治理是各种公共的或私人的个人和机构管理其共同事务的诸多方式的总和。它是使相互冲突的或不同的利益得以调和并且采取联合行动的持续的过程。它既包括有权迫使人们服从的正式制度和规则，也包括各种人们同意或认为符合其利益的非正式的制度安排。治理有四个特征：治理不是一整套规则，也不是一种活动，而是一个过程；治理过程的基础不是控制，而是协调；治理既涉及公共部门，也包括私人部门；治理不是一种正式的制度，而是持续的互动[1]。

在中国，基层治理是指在中国社会政治制度中，处于乡镇、村以及城市街区管理层级中，不同行为主体如党组织、政府机构、社会组织、公民个人等围绕本地利益，通过协商合作的方式，实现公共利益最大化的政治过程。基层治理对象指辖区的社会公共事务，包括满足公共需求，协调社会利益，解决供给问题等。与统治和管制不同，治理是政府与其他主体以

---

[1] The Commission on Global Governance.Our Global Neighborhood.London: Oxford University Press,1995:2－3.

平等的身份，通过协商等方式来共同管理社会公共事务，从而达到"善治"①。善治可以被理解为是政府与公民之间的积极合作模式，且公民参与管理的权利是善治实现的关键要素。政府若想实现善治需要践行七大理念，包含合法、透明、责任、法治、回应、有效、稳定，这些是分析政府治理的基本价值取向②。

（二）基层治理困境

新中国成立以后，我国城市基层社会采取的是以单位制为主、以街居制为辅的管理模式③。改革开放以后，随着经济转轨和社会转型以及单位制的解体，社区及社区建设悄然兴起，社区治理突破了原先的层级制治理结构，重构了政府、市场、社会三者的关系。20 世纪 90 年代以来，随着市场经济的发展，催生了房屋商品化改革和单位体制的解体，激发了人们的产权意识及共同利益的诉求，业主委员会应运而生，街道办、居委会、业委会、物业公司和业主构成了新型的城市社区治理主体④。经过几十年的发展，社区成为城市基层治理的最小单元与神经末梢。在不断发展探索的过程中，城市基层治理面临着以下的困境。

第一，社区治理体制机制不畅⑤。一方面，社区治理需要多方主体共同参与，但在社区普遍存在不同部门沟通互动少，各主体协作能力不足的问题；

---

① 张晓亮，王炤阳. 关于基层治理的文献综述. 财富时代, 2020(4):223-224.

② 俞可平. 治理和善治：一种新的政治分析框架. 南京社会科学, 2001(9):40-44.

③ 陈圣龙. "区直管社区"：我国城市社区管理体制的改革探索——基于铜陵市铜官山区 "区直管社区" 的实践分析. 治理研究, 2013(6): 5.

④ 龚维斌. 改革开放 40 年中国社区治理的回顾与反思. 社会治理, 2018(8): 52-54.

⑤ 李晓壮. 城市社区治理体制改革创新研究——基于北京市中关村街道东升园社区的调查. 城市发展研究, 2015(1):94-101.

另一方面，基层社区除党组织、居委会和服务站工作人员之外，还有街巷长、网格员、协管员、志愿组织等各类队伍和基层人员，存在工作能力低下、工作浮于表面、协同困难等现象，对于基层社区治理和服务提升的作用不显著。

第二，社区基层组织行政化严重、效率低下[①]。一方面，社区基层组织事务繁杂、权责失衡、自治与服务功能大打折扣等现象突出；另一方面，还存在着社区规模划分不科学，社区管控能力和社区治理精细化要求难以适应，主动服务或上门服务普遍缺失，满足不了群众日益增多的需求，导致了群众满意度与获得感低等问题。尤其是新冠疫情期间，社区工作者人手不足、工作负担重的问题日益凸显。因为政府部门之间协调不畅、技术支撑不够等原因，也进一步加重了社区工作者的工作负担。例如疫情初期，多个部门要求社区提供疫情相关数据，且表格内容还在不断变化，导致社区重复工作繁重、应接不暇；此外，社区居民信息不完善、把握不准确，有些社区人户分离情况严重，房屋产权属性众多，居住情况复杂，外来人口多，都为入户排查和信息统计带来了障碍，也无法实现精准化排查和服务；再者，社区及其工作人员缺乏对信息化、智能化手段的熟练运用，导致很多社区仍然局限于手工登记和数据录入，极大地增加了基层工作人员的负担。

第三，社区参与治理的深度、广度不足[②]。一方面，政府通过购买社会组织服务，补充了部分基层治理和社区服务的力量，但由于购买周期较短、

---

① 苗延义.能力取向的"行政化"：基层行政性与自治性关系再认识.社会主义研究,2020(1):84–92.

② 何欣峰.社区社会组织有效参与基层社会治理的途径分析.中国行政管理,2014(12):68–70.

项目设计持续性不足等原因，社会组织参与社区治理的可持续性不足；另一方面，社区居民的主体性作用发挥不够，虽然在新冠疫情期间有不少社区涌现出了一批居民志愿者，但总体来看，居民参与社区公共事务的积极性还是远远不够的。这一点在城市社区尤为凸显，居民之间相对陌生，居民和社区工作者更是少有联系，在这种情况之下，作为群众性自治组织的社区，距离自治的目标仍有一定差距。

二、数字治理理论

（一）数字治理内涵

数字治理（又称电子治理），是继电子商务和电子政务之后提出的概念，是数字时代的一种全新且先进的治理模式。从广义上讲，数字治理不仅仅是信息通信技术在公共事务领域的简单应用，也是一种社会组织、政治组织及其活动的表现形式，它包括对经济和社会资源的综合治理，涉及影响政府、立法机关以及公共管理过程的一系列活动；从狭义上讲，数字治理是指在政府、市民、企业间的社会互动和政府内部运行中运用信息技术，简化政府行政及公共事务的处理程序，并提高民主化程度的治理模式[1]。其涉及政府、市民社会和以企业为代表的几个主体，形成政府与市民、政府与政府、政府与企业之间的互动和政府内部运作等几个层次[2]，构建融合信息技术与多元主体参与的一种开放多元的社会治理体系，主要体现在：现代国家治理通过引入信息技术来更好地提升自身在公共管理和公共服务过程中的效能，同时推动国家治理手段的"数字化""网络化"与"技术化"。

① 徐晓林，刘勇．数字治理对城市政府善治的影响研究．公共管理学报，2006(1):13-20，107-108.
② 徐晓林，周立新．数字治理在城市政府善治中的体系构建．管理世界,2004(11):140-141.

在数字化背景下，数字治理依托快速发展的现代信息技术，使曾经只能在现实空间中行使的政府职能通过线上处理的方式向社会延伸，实现政府整体性服务的数字化转型。如浙江省提出的"最多跑一次"改革，上线了各项便民服务"在线咨询、网上办理、证照快递送达"的运行机制，切实提高了行政效率、优化了服务质量，大大提升了群众和企业的获得感和幸福感。数字化主要通过影响政府部门的组织文化与市民的行为习惯，使个人或企业丰富数字化产品，同时为政府机构提供便利的服务框架系统[①]，这意味着政府权力由机构中心向以企业和市民为中心转变，增强了政府、市民与企业之间的互动，体现了服务型政府以及善治政府建设的要求。实际上，数字治理较好地展现了现代数字化技术与治理理论的融合，是一种新型的治理模式[②]。

数字治理的战略目标是为所有治理主体——政府、市民和企业提供技术支持、简化治理过程、提高民主化程度[③]。这个整体目标可以分为注重服务的外部目标和注重过程(政府运行)的内部目标。外部目标是政府前台通过与不同的在线服务互动，最大化地满足公众的需求和期望。在政府运作中应用信息与通信技术可以促进与公众、市民、企业和其他团体的互动的高速化、透明化、负责任性、效率和效果。然而，数字化治理并不仅仅是政府网站和邮箱、服务供给、信息传播的数字化问题，而是通过数字化改变各治理主体的互动方式，改变传统社会的价值链，对当前城市治理进行

---

① 王文凯, 肖伟. 论数字治理模式及在我国的运用. 成都行政学院学报, 2007(6):26-28.

② 葛建花, 程玉莲. 基于 CNKI 数据的中国数字化治理知识图谱构建研究. 运筹与模糊学, 2022(4): 1226.

③ 廖福崇. 数字治理体系建设：要素、特征与生成机制. 行政管理改革, 2022(7):84-92.

革新。

在政府数字化治理过程中，政府与市民的关系主要包含两层含义。一是从数字化治理的本质来说，市民是政府的"股权人"①。也就是说，政府在治理中不是占据绝对支配地位的角色，它由市民选举产生，市民把一部分权利授权给它，并制定相应的制度安排来使之发挥作用，同时也加以制约。因此，政府有义务对市民负责。二是从政府的职能来说，市民是消费者。市民"消费"政府所提供的服务，并缴纳一定的税费作为代价，政府与市民就是一种相互依赖、相对制衡的关系。

（二）数字治理体系

数字治理体系包括两方面：一方面是指有关数字治理的原则和规范等；另一方面是指进行数字治理的主体，包括政府、市场和社会等。数字治理的原则是简易、道德、民主、负责任、回应性、透明、法治等，与城市政府善治的特征非常相似。数字治理体系的构建就是以这些原则为指导，不论体系的规范、法制还是技术应用都是按照这些原则构建、施行②。

数字治理主要聚焦数字政府、数字经济、数字社会等领域的全方位、系统性改革，是一个跨部门、跨领域（如智慧医疗、智慧交通、智慧生态、智慧政务等）交互，政府、企业、社会和群众深度参与的复杂系统③。基于复杂性系统理论，数字治理将会经历以下三个过程：技术理性、制度理性和价值理性，从而打造一个高度数字化的自组织、自适应、自演化数字治理生态系统，实现生活、生产与治理方式系统性变革，进而推进治理体系

---

① 徐晓林，周立新.数字治理在城市政府善治中的体系构建.管理世界,2004(11):140-141.

② 张斌、杨文.数字时代我国政务信息资源治理体系优化研究.图书情报工作,2020,(11):3

③ 程晟，白晨，王延隆.从数字治理到数字化改革的浙江实践.观察与思考,2022(4):104-112.

和治理能力现代化，最终构建符合数字化改革要求的数字治理体系，包括但不限于数字体征、线下联动、专家会诊、智慧研判等①。

技术理性即工具理性，指人类追求技术合理性、有效性、规范性和理想性的抽象思维活动、智慧和能力，是一种根植于人类物质需求及人对自然界永恒依赖的实践理性和技术精神②。作为一个复杂系统，数字治理在技术上主要体现为开发实现的复杂性、多系统的逻辑一致性、场景的可变性和数字化底座的不可见性，数字化技术需要始终扎根于社会生产和生活的大系统，依托数字技术构建智慧感知网络，在城市治理的各个场景中通过数字孪生实现虚实映射，并通过系统中运行的正负反馈来进行自我调节和最优化，从而实现对整个经济社会系统的赋能③。

制度理性是一种集体理性，是指能够在最大程度上，通过集体努力，以特定方式形成社会利益最大化的制度安排。在城市数字治理的应用场景下，系统要发挥作用，一定要适应数字化改革环境的要求，从数字化技术理性跨越到数字化制度理性，正确处理技术与制度的关系。数字化系统在自身系统发展、不断适应城市运行和发展环境的双重影响下，持续发生演化，并由此确定系统的功能迭代和行动过程。制度理性在数字化改革中的显著体现就是制度重塑，其重要意义在于通过数字化改革形成社会利益最大化的制度安排，并以此作为协同政府、市场、社会多元主体的基本准则，打造数字变革型组织，推进数字治理运行，保障数字治理的科学推进与迭

① 王芳，郭雷.数字化社会的系统复杂性研究.管理世界,2022(9):208-221.
② 巨乃岐，邢润川.试论技术理性及其批判.东北大学学报(社会科学版),2005(3):172.
③ 刘渊.数字化改革"三个理性"的认知逻辑.(2021-12-28).http://zjdg.zju.edu.cn/newsinfo-15-119-1.html.

代升级，充分发挥党政引领机制、部门联动机制、市场运维机制、市民参与机制、企业盘活机制、现场联动机制、分级处置机制、绩效评价机制等的耦合作用，培育数字城市发展与治理的外部激励与内生动力。

价值理性是指从某些具有实质的、特定的价值理念的角度，来看技术行为的合理性。在城市数字治理系统中，城市运行和发展需要更加强调以人为本的价值取向，城市发展目标更加关注是否能够以人的根本需求为出发点，关注整个社会的持续发展与人之间的关系，以及发展成果与人民共享。同时，城市治理也需要更加强调市民的参与，政府需要从条块分割、以流程为导向的组织架构，转向与企业、社会、市民等主体高效协同的多元共治框架，建设变革型组织。在主体上要把多主体纳入整个经济社会系统中，需要建立与多元主体更加密切的关系，包括通过平台接口来界定各主体的权责，通过数据交换来协同各主体的行为，通过大数据监督、协同各类公共品和准公共品的供需，实现社会价值共创共享，进而不断提升全民素质素养，创造城市数字文明。

三、数字赋能基层治理的逻辑

数字技术的应用是现代社会与政府实现基层部门有效治理的有力抓手，也是推进基层治理体系和治理能力现代化的重要手段之一。数字技术赋能基层治理的逻辑可以从以下几方面理解。

第一，数字技术的现代理性追求与基层治理的目标具有同质性。技术是存在于人类活动中，由理性运作而得到的，具备绝对功效的方法总和[①]。这与基层治理核心目标相契合，有助于实现公众利益最大化。第二，数字

---

① 颜昌武，杨郑媛.什么是技术治理？.广西师范大学学报（哲学社会科学版），2020(2):11-22.

技术的嵌入性与社会治理的多中心理念具有促进性。以多元主体协同共治为核心的治理理念为数字技术嵌入提供了基础，在这个过程中，技术的优势被最大化地发挥出，社会性主体可以通过线上渠道与党政机构实现双向联动，有利于进一步连接起各方治理主体，推动多元主体社会治理的协同性[1]。第三，数字技术与基层治理在人类社会实践上具有互构性。历史上几次重要的技术革命改变了劳动分配方式，最终导致人类社会的结构变化，近代社会为了提高效率将数字技术打造成实现目标的理性工具。随着数字技术在社会治理中得到广泛运用，数字技术日益推动着治理体系的结构性变化，在此过程中数字技术也主动适应治理作出调整，以满足或匹配治理体系与治理行动的要求[2]。因此数字技术赋能基层治理可谓是互相塑造，深度融合[3]。

现代化城市相当于一个开放的复杂系统，在当前社会发展的新形势、新问题与新需求面前，社区治理的复杂性与多样性日益凸显，传统的治理方式往往难以精准施策[4]。复杂系统理论的发展为理解新型城市系统演化与治理带来了新的观点与见解。复杂科学侧重于通过方法的设计来反映复杂系统的自身特点，强调微观个体决策形成的整体结果。复杂系统强调将城市类比为一个巨大的"生态系统"，重点关注其在演化过程中所面临的突变、非稳定(非均衡)状态及不可预测性，并由此建立了复杂适应系统（见图 2-1）。"适

① 燕连福 . 新技术变革给社会治理带来的机遇和挑战 . 国家治理 ,2020(14):12-15.
② 韩志明，雷叶飞 . 技术治理的"变"与"常"——以南京市栖霞区"掌上云社区"为例 . 广西师范大学学报 (哲学社会科学版),2020(2):23-33.
③ 张帆 . 信息技术赋能基层治理的路径与限度 . 兰州学刊 ,2021(10):65-78.
④ 陈岩 . 复杂适应系统视角下城市社区治理创新研究 . 领导科学 ,2020(8):42-45.
⑤ 孙小涛，徐建刚，张翔，等 . 基于复杂适应系统理论的城市规划 . 生态学报 ,2016(2): 463-471.

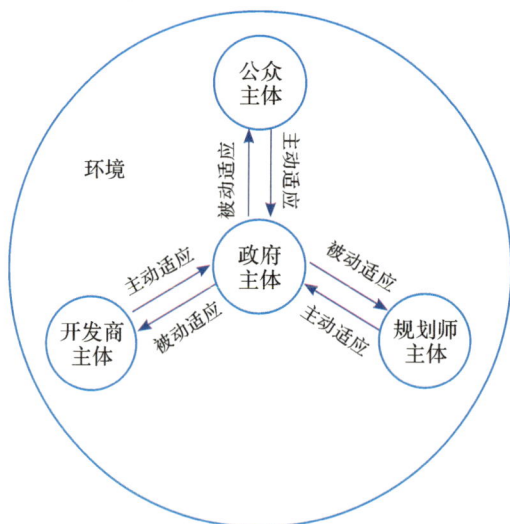

图2-1   城市适应的复杂性①

应"是指系统中的各个主体对外界干扰做出自适应反应，并且各自适应主体之间也会发生复杂作用，导致了这类新系统状态的不可预见性。数字时代，需要建立能使各参与主体间与内外部环境之间有效沟通的渠道和快速反应的组织"载体"。传统的政府管理顶层设计原则与复杂适应系统特性相反，传统的治理模式主张层级明确、部门严格分工和组织高度稳定。然而，在突发性公共危机事件发生时，如果仅拘泥于信息层层上报，经上级决策后再层层向下传导，不利于对危机做出快速准确的反应，往往容易延误危机化解的最佳时机，给社会造成不可挽回的损失。而在现代化城市与社区中，数字系统可以实现政府所有职能部门的紧密连接，一旦出现突发性事件，基层"应急办公室"可以快速响应，并通过系统分别向上级相关部门汇报，决策部门也可以用最快的速度启动紧急预案并发出相关指令。这种虚拟网络化组织结构不仅可以有效切断传统官僚制度下组织垂直封闭的"链条"，并且可以最大化发挥现代危机管理的联动性和一体性，将多主体有机联结起来。

第二节 多重视角下的社区意义寻求

从理论来看，由于社区的复杂性与重要性并存，很多学者从不同的理论视角提出了对社区的理解，如结构功能视角、共同体视角，接下来将具体阐述多种理论视角下对社区的理解。

一、结构功能视角

结构功能视角来源于生物学，后期被社会学家纳入社会学研究，成为学界理解社会事实和解说社会事实的重要方法论和研究视角[1]。结构是指社区中组织的相互作用，包含政府、社区组织和居民。在结构功能分析视角中，社会结构和社会整体是结构功能主义者的基本分析单位，维持社会系统存在并运行的各种机制、组成系统的各个要素间的关系和功能是重点的关注对象。社区是各类组织与参与者角色的综合体，从结构功能主义的视角出发，社区规划是打造社区结构的重要条件，而社区营造是实现社区功能的重要方法。因此本文将从社区规划和社区营造理论入手对社区的结构和功能进行分析。

---

[1] 杨世菁,李飞.结构功能主义视角下乡村旅游的可持续发展.西南石油大学学报（社会科学版）,2018,(4):37-42.

（一）社区规划

社区规划起源于世界性社区发展运动。在第二次世界大战以后，联合国积极倡导与开展社区发展运动，旨在通过人民的努力与政府的合作，以达到改善社区的经济、社会和文化环境的目的，并把社区建设纳入国家计划中，从而为推动国家进步作出贡献。由此，许多国家和政府纷纷制定了"社区发展计划"，旨在将社区发展引导到正常的发展轨道上。这一时期的社区规划是联系自上而下发展要求和自下而上发展需求的重要政策工具，它既是政府有关机构与非政府组织和民间的合作纽带，也是指导社区建设与发展的综合行动纲领，更重要的是，它还是社区获取政府资助的重要手段[①]。社区规划体现了以人为主的规划理念和规划内容，将物理空间与非物理要素相匹配，推动着城市发展向本源回归。

社区的内涵极其丰富，因而现代社区规划的内涵也具有多层次的特征。社区规划旨在通过合作伙伴的关系来改善政府与社会之间的联系，共同改善地区和居民的社会、经济和环境福祉，从而真正改变人们的生活[②]。具体而言，社区规划是为了有效地利用社区资源，合理配置生产力和城乡居民点，提高社会经济效益，保持良好的生态环境，促进社区开发与建设，从而制定比较全面的发展计划。陈眉舞等[③]认为社区规划既是社会规划的分支，也是城市规划的延续。社区规划体现出一种崭新的思维方式：将社区作为研

---

① 钱征寒，牛慧恩.社区规划——理论、实践及其在我国的推广建议.城市规划学刊,2007(4):74-78.

② Shaw M. Community development and the politics of community. Community Development Journal, 2008, 43(1): 24-36.

③ 陈眉舞，张京祥，曹荣林.我国城市社区规划的理论构架及其实践机制研究.南京工业大学学报(社会科学版),2004(4):45-48.

究城市现象和解决城市问题的基本空间单元与最小单元，这既是城市规划向社会学领域渗透，也是城市规划从 "物质形体设计" 走向全面社会发展规划的重要思想流变。学者徐震[1] 将社区规划的整体内容概括为 "三体"：社区的 "硬体"——社区内有形的建设实体，"软体"——无形的资源，如社区的人力与精神，"韧体"——内在的关系。唐忠新[2] 将社区规划的基本内容概括为四方面：社区现状分析，社区建设的总体目标规划，社区建设各主要部分的规划，社区建设的发展条件与支持、保障系统的规划。

（二）社区营造

如果说社区规划是社区从 "无" 到 "有" 的创新过程，那么社区营造则是社区从 "有" 到 "好" 的提升过程。社区营造即针对不同社区的历史传统、区位环境、发展阶段和现实特征，通过营造居民的共同关注和公共性议题，发起持续性的集体行动，以居民的积极参与和群体性互动，促使社区内社会资本的提升，建立居民彼此之间以及居民与社区环境之间的协调互动关系，以最终实现社区自决和自治的目的。有学者把社区营造划分为人、文、地、产、景五大方面[3]。"人" 指的是满足社区居民的需求和人际关系的经营创造，主要包括居民的社会交往、个人技能的提升和再教育问题等。"文" 指的是社区共同历史文脉的延续，艺术、文化活动的经营及终身学习等，主要体现了对居民的尊重，具体营造的内容是保护社区传统文化、地域特色、地缘观念、宗教信仰等。"地" 指的是地理环境的保

① 徐震. 社区发展. 台北：中国文化大学出版部，1985.20.

② 唐忠新. 中国城市社区建设概论. 天津：天津人民出版社，2000.

③ 尹广文. 社区营造：一个新的社区建设的理论与实践. 福建论坛（人文社会科学版），2017(4):159-164.

育与发扬和在地性的延续，主要包括农田、水林地和生态系统等生活保障需求。"产"指的是在地产行业与经济活动的团体经营，地产的创发与营销等，提高社区的经济收入水平也有助于改善居民的幸福感和社区归属感。"景"指的是社区公共空间的营造、居住环境的可持续管理、特色景观的创建、居民的自力营造等。

社区营造主要参与者由居民、政府、非政府组织和专家等人员构成。社区营造是一个缓慢而连续的过程，主要分为三个阶段。初期阶段主要由政府主导，注重对物质环境空间实体的保护和营造；中期阶段是由政府主导向民间主导的过渡阶段，注重非物质的保护，在这个阶段中，非政府的民间组织起到重要作用；后期阶段是完全向民间主导过渡的阶段，在此阶段居民真正成为营造的主体，提倡内生性的营造，除了注重物质条件建设以外还要关注居民的生活。我国范围内，最早开始社区营造的地区是台湾①，1994 年台湾推出"社区总体营造计划 (1994—2002)"（见图 2-2），针对城乡文化的衰落和居住环境的凋敝，台湾地区相关部门以社区文化建设为切入点，围绕社区环境、地方产业和社区共识进行社区营造，以实现台湾现代民众重新回到土地、回到社区、回到生活的主张②。经过几十年的发展实践，"社区营造"在台湾已经从一个流行语，变成整个社会的主流文化。

---

① 尹广文 . 社区营造：一个新的社区建设的理论与实践 . 福建论坛（人文社会科学版），2017(4):159–164.
② 陈统奎 . 再看桃米：台湾社区营造的草根实践 . 南风窗 ,2011(17).

图2-2　台湾的社区营造模式

二、共同体视角

"共同体"概念来源于古希腊哲学家亚里士多德，此后德国社会学家滕尼斯[①]将"共同体"概念引入社会学领域。他认为"共同体是基于如情感、习惯、记忆等自然意志形成的一种社会有机体，其中，情感和道德的力量发挥着巨大作用。在这之后，不同的研究者对共同体这一概念进行了界定，但其中的共同要素均指向人。爱茨尼在此基础上，指出共同体具有两个特征：一是必须有一群个体之间充满感情的关系网络，而且彼此之间是相互强化的关系；二是需要对一套共享的价值、规范和意义，以及对共享的历史和认同的承诺[②]。总之，尽管共同体的外延或表现形式各有不同，但是其内核恰恰是软性的、弥漫的主观体验，这种主观体验就是情感和共识。著名学者费孝通于 20 世纪 30 年代在《乡土中国》中引入"社区"概念，将英文"community"译为"社区"[③]。此后我国关于"社区"的研究越来越多。

---

① 斐迪南·滕尼斯. 共同体与社会：纯粹社会学的基本概念. 林荣远译. 北京：商务印书馆：1999.
② 成伯清. 情感、叙事与修辞：社会理论的探索. 北京：中国社会科学出版社，2012:55.
③ 乔纲，何明辉. 从"互惠式"社区治理到城市"熟人社区"的建构——以江苏省 H 市为例. 现代管理，2022(6): 692.

目前学界对于"社区"概念还没有形成统一的定义，但都强调社区的共同体属性。《辞海》将社区定义为"以一定地域为基础的社会生活共同体"。

"共同体"包括地域共同体、血缘共同体与精神共同体三种类型[①]。现代工业社会共同体的代表人物埃米尔·涂尔干[②]把社会组织结构分为机械团结与有机团结两种状态。机械团结是基于个体之间的同质性而产生的，滕尼斯提出的地域共同体和血缘共同体属于机械团结，精神共同体则是由于制度化的管理和互动而形成的有机团结。异质共同体也是属于有机团结。后现代共同体的代表人物齐格蒙·鲍曼[③]认为，共同体是一个可以互相依靠的、温暖舒适的场所。由上可见，共同体的核心是"通过互动合作而形成的一种相互依存、和谐共生的关系"[④]。共生系统由共同体的各参与主体构成，共同体拥有的各方资源是各主体共生合作的载体，公共规则或共同精神是统领整个共生系统的核心。

从共同体的视角来分析社区的治理，其强调了合作、共识和情感的成分，也凸显了党中央在社会治理方面更高的价值目标。所谓社区治理共同体，就是在社区内部，在坚持党建引领、政府主导的基础上，充分调动各利益相关主体参与到社区治理之中，遵循平等协商原则，通过社会化、法治化、智能化、专业化的手段和机制，实现治理过程的服务化和治理机制的精细化，继而打造"人人有责、人人尽责、人人享有"的共同体。然而，目前我国

---

① 李国庆.关于中国村落共同体的论战——以"戒能—平野论战"为核心.社会学研究,2005(6):194-213.

② 埃米尔·涂尔干.社会分工论.渠东译.北京:生活·读书·新知三联书店,2000.

③ 齐格蒙·鲍曼.共同体:在一个不确定的世界中寻找安全.欧阳景根译.南京:江苏人民出版社,2003.

④ 邵晓枫,刘文怡.中国学校与社区的教育共同体演进与构建.现代远程教育研究,2020(4):86-92.

在社区治理中还存在一些短板与不足, 多主体参与互动的特性容易产生冲突, 因此很有必要充分理解互动与冲突理论对于社区共同体的影响。

（一）互动理论

"互动" 是指在一定的社会关系背景下, 不同群体之间在心理、行为上相互影响、相互作用的动态过程[1]。根据马克思主义中 "人是社会化关系的产物" 的观点, 人的行动必然与他人或群体发生关系, 对他人或群体有着某种回应和期待, 并采取一定的行动, 社会互动则随之产生。社会学家齐美尔也持类似的观点, 其认为社会是通过人们的互动而产生的, 各种人际互动形式是构成宏观社会结构的基本材料和元素[2]。社会互动对于社会和组织的良性运行和协调发展有着重要的三大功能: 一是利益协调功能, 人们通过不断地修正自身行动, 并对他人或群体产生影响, 从而实现彼此间利益的协调; 二是文化适应功能, 通过社会互动, 令不同亚文化的人之间增进了解, 形成共同的文化和价值, 进而适应周围的环境; 三是社会团结功能, 人们通过社会交往, 构建自身的社会网络, 更容易采取共同行动来应对遇到的问题和挑战, 由此产生社会团结。

桑德斯[3]认为社区是社会互动最为现实、最具代表性的表现。城市社区的精髓在于人与人之间的交往、互动、交换与沟通。社区治理的实质也可以理解为社区多元治理主体间的互动关系, 这种互动关系是建立在一定角色基础上展开的。其中, 居民参与是社区互动中最重要的体现形式之一。居民与社区的互动关系, 在某种程度上反映了基层社区中国家与社会的关系。

[1] 殷融, 张菲菲. 群体认同在集群行为中的作用机制. 心理科学进展,2015(9):1637-1646.
[2] 齐美尔. 社会是如何可能的: 齐美尔社会学文选. 桂林: 广西师范大学出版社,2002.
[3] 桑德斯. 社区论. 徐震译. 台北: 黎明文化事业股份有限公司,1982.

在社区参与积极性高、参与形式多样化的社区，社区居民和社区委员会的互动关系体现为一种互惠合作的双向互动关系。一方面，社区居委会通过社区参与活动对居民进行引导，实现了社区服务与社区治理的双重目的；另一方面，居民通过内容丰富的社区参与增强了自身的自主性，扩大了社区的自治空间[①]。

（二）冲突理论

社区冲突是指社区内的个人或团队，因为某些稀缺资源或各自的利益而产生的相互抗争的行为或过程。社区冲突的本质在于社区利益关系的平衡状态被打破，在利益相关者构成的利益圈子内部，各方竞争所形成的一种利益共同受损、但同时又渴求建立新秩序以维护共同利益的无序状态[②]。长期以来，社会学者针对社会冲突理论的研究范畴是整个社会，直至1957年，美国学者科尔曼在其著作《社区冲突》中，开始将社区冲突的范围细化至地方社区[③]。其认为，社区冲突的根源主要来源于经济争端、政治争端和价值观的冲突。在部分社区里，上述三方面争端可能会重新激起群体间的对立意识，从而导致冲突。他还提出，导致社区冲突的各种事件会互相强化，想要遏制冲突必须在冲突之初就制止这种恶性循环。其后，美国学者桑德斯把社区权力结构的研究也纳入社区冲突的研究范围。他在著作《社区》中提出，任何社区的冲突都包括以下三个要素：对立关系、不同的权力分配以及社区居民的某种激烈的情绪[④]。他认为社区变迁与社区冲突密切相

① 姜振华.社区参与：对社区居民与居委会互动关系的透视.中国青年政治学院学报,2007(3):114-120.
② 郭凯.利益整合视阈下的社区冲突化解机制研究.上海：上海交通大学学位论文,2013.
③ Coleman J S. Community Conflict. New York: Free Press, 1957.
④ 桑德斯.社区论.徐震译.台北：黎明文化事业股份有限公司，1982.

关，对社区冲突有一定的了解，才可能理解社区变迁。

原珂 [①] 在其博士论文研究中对 1210 个中国社区进行了调查，调查数据发现，社会转型期的中国城市社区冲突主要具有三方面的特征：一是冲突的显现化、多样化与复杂化；二是冲突的多发性与群体性；三是冲突根源的多元化与交叉化。然而，冲突主体的重叠性、冲突的复合性以及冲突的非对抗性也需要引起注意（见表 2-1）。

表 2-1　中国城市社区冲突的特点

社区冲突特征	样本数 / 个	占样本的百分比 /%
纠纷的显现化、多样化、复杂化	752	62.1
纠纷的多发性、群体性	720	59.5
纠纷根源的多元化、交叉化	632	52.2
纠纷主体的重叠性	540	44.6
纠纷的复合性	511	42.2
纠纷的非对抗性	382	31.6
其他	29	2.4

社区是一个多主体参与的系统，社区冲突具有复杂性与多样性的特点，具体如图 2-3 所示。

---

① 原珂 . 中国特大城市社区冲突与治理研究 . 天津：南开大学学位论文，2016.

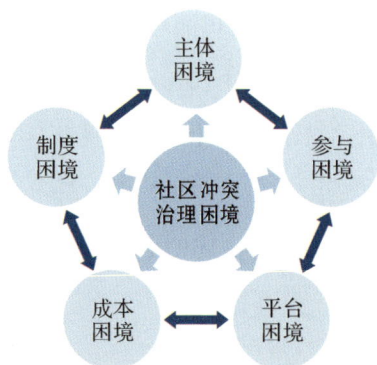

图2-3 中国城市社区冲突治理的困境

主体困境——社区冲突主体的重叠性与冲突主客体的同一性。社区冲突主体的重叠性，主要指引发潜在社区冲突的劣势因素在某一群体身上高度集聚，如社会底层群众或弱势群体，他们身上可能重叠着好几种身份，比如他们可能同时是下岗人群，又是残疾人或是低保户。冲突主客体的同一性，是指社区冲突主体往往也是冲突客体，主要体现在争取社区公共资源或处理社区公共事务时的困境。如社区的业主委员会，他们一方面作为社区冲突治理的主体，在调解社区矛盾纠纷、化解社区冲突、促进社区和谐方面作出了较大的贡献，同时，业主委员会作为社区冲突的客体，在成立之初及成立之后争取社区公共权利或资源，他们常常是冲突参与者，甚至冲突发起者，特别是近年来业主投诉业主委员会委员的现象不断增多。

参与困境——社区参与不足，但社区冲突数量高居不下。在社会转型期，尽管我国城市社区民主意识、法律意识等日渐增强，但是，整体来看，居民社区参与依然不足。行政力量主导的社区公共服务供给主体在处理复杂的社区矛盾和纠纷的过程中，由于工作能力有限或者矛盾纠纷比较复杂，难以采取有效的措施，由此形成社区公共服务的"供求失衡"和"供求不契合"的矛盾。与此同时，社区公共服务存在供给主体过于单一、方式过于简单、总量严重不足等问题，加之社区、社会组织及社区成员对社区公共服务的期望很高，二者间强烈的"预期反差"，也是导致社区参与不足但矛盾冲突频发的重要因素[①]。

平台困境——社区冲突的频发与冲突化解制度平台的缺失[②]。在社会转型期，社区冲突治理成效不佳的深层原因在于缺乏有效的城市社区冲突化解制度平台，间接造成社区冲突"再生产"与"重复发生"。缺乏制度化的冲突化解平台，使得基层政府和社区面对突如其来的社区矛盾、纠纷或冲突时，往往习惯于运用行政化的方式来管理或处置冲突，而行政化的冲突处置偏偏又是民众较为反感的冲突管理方式，很容易激起民众的抵触或反抗[③]。

成本困境——社区冲突控制成本的上升与治理成效的下降。近年来，中国城市社区网格化管理的实施与推广，强化了对社区的全方位动态掌控[④]。如为了保障业主的安全与隐私，大部分社区都设置了安保与门禁，使得传统社区的空间和交往受到了多方的限制，导致现代社区管理成本大大增加，但是治理成效却未见显著提升，反而较以往略有所下降[⑤]。此外居民

① 高干,张长虹.中国农村社区冲突：类型特征、治理困境与路径优化.宁夏社会科学,2020(5):116-124.
② 原珂.试析特大城市社区冲突治理面临的困境及其成因.社会主义研究,2017(6):88-97.
③ 李友梅.基层社区组织的实际生活方式——对上海康健社区实地调查的初步认识.社会学研究,2002(4): 17-25.
④ 田毅鹏,薛文龙.城市管理"网格化"模式与社区自治关系刍议.学海,2012 (3): 24-30.
⑤ 田毅鹏.城市社会管理网格化模式的定位及其未来.学习与探索,2012 (2): 28-32.

对社区成员的"信任"不足也增加了社区冲突控制成本。

制度困境——制度执行存在巨大的障碍。社区治理的制度本身存在不够具体、细化，过于笼统、宽泛等问题①，制度在执行过程中不够清晰，加之社区事务比较复杂，部分特殊情况难以处理。随着社会变迁与居民观念的转变，人情社会的意识有所淡化，人们倾向于更多的私人空间与隐私，因此存在现有的社区治理制度与现有的社区发展不匹配的矛盾。此外，由于社区的事务繁多，部分社区工作人员不够专业，导致制度实行失范失规。

第三节　数字赋能社区发展的逻辑

"空间和地方"为地理学研究的两大主题，任何地理区都有"空间性及地方性"②。"地方"一词内涵丰富，具有深刻的蕴意和多元的隐喻功能，是非常重要的理论视角。人与地方的情感联系造就了地方性感知，地方性既是对地理现象的描述，也是对人类情感与经验的抽象表达③。地方性的形成机制在于主体对某个地方的情感需求。当一个地方与外界建立功能联系时，所具有的其他地方不具备的内在条件就构成了其地方性，与此同时，地方性还取决于其在区域整体格局中的位置，而与主体的情感认同和意识没有关系④。政治地理学者约翰·艾格纽在其著作中分析了"地方"的三个维度："场所"是指社会关系被构建的所在地；"区位"包含了在更广的尺

---

① 叶俊. 基于社区的旅游规划方法. 热带地理，2009(2): 161-166.

② 朱竑，钱俊希，陈晓亮. 地方与认同：欧美人文地理学对地方的再认识. 人文地理，2010(6): 1-6.

③ 高权，钱俊希. "情感转向"视角下地方性重构研究——以广州猎德村为例. 人文地理，2016, (4): 33-41.

④ 孙九霞. 作为一种"社会形式"的旅游："地方"视角. 旅游学刊，2017(12):12-14.

度上运作的社会与经济过程所界定的社会互动场所的区域；"地方感"是指人对地域的感觉结构[①]。因此"地方"是人类创造的意义空间，是人以某种方式而依附其中的空间，因此最直接且最常见的对"地方"的定义是——有意义的场所。

"去地方化"是指外来的、标准化的产品破坏、取代了本地的、地方化的产品或意识，从而失去地方性的过程和结果。"再地方化"是指外来的、标准化的产品或意识进入地方后融入本地的、地方化的产品或意识，仍然保持地方特色，符合当地文化原真性要求的过程[②]。数字时代，社区作为一种特殊的"地方"，数字技术的应用对社区的影响是一种"去地方化"的过程，而赋能又是一种"再地方化"的过程。

互联网和信息技术的发展会引起时空结构的变化，且现代社区背景下的时空分离是一个双向互动的维度，即信息技术具有"去地方化"的组织向度，同时也具有"再地方化"的组织能力。技术发展给"地方"带来的"去地方化"的过程，是将信息"脱嵌"于物理社区，把社会关系从具体情境中分离开，从而不断影响社会行动和社会关系的各个方面，实现社区系统的时空跨越，从而在虚拟世界中再组织和延伸。"再地方化"是在"地方"基础上重新构造已脱域的社会关系的过程，以便使这些关系与地域性的时空条件相契合。从本质上来看，利用数字技术赋能社区是在"地方"上进行"去地方化—再地方化"的解构和重构，通过发挥数字技术的优势与技

---

① Agnew J A. Place and Politics: the Geographical Mediation of State and Society. London: Routledge, 2014.

② 孙九霞，黄秀波，王学基. 旅游地特色街区的"非地方化"：制度脱嵌视角的解释. 旅游学刊, 2017(9):24-33.

术产生的数据，在社区内进行资源的优化与重组，从而实现社区互动与智治。传统社区的数字化改革需要经历一个"去地方化—再地方化"的过程，下面将进行详细说明。

第一，传统"地方"性社区亟待数字化改革。社区经历了漫长的演进历程，学者对于社区的定义也因时而变。最初社区被定义为有共同习俗和价值观的社会团体或共同体，后有学者提出社区的"地方"属性，不仅强调社区的精神共同性，还强调社区的地域共同性①。西方在社区的发展上，经历了从政府主导的行政行动，向国家倡导的社会行动的转变，旨在解决社区发展不均和服务效率不高的问题②。在中国特色社区的发展历程中，社区也起源于地域的共同性，随后不断发展成为具有现代化水平的社区。我国社区在吸取国外社区发展经验的基础上，结合国情，确定了在党的领导下开展社会行动的社区建设战略，即依靠社区力量和资源，解决社区问题，使社区成为社会治理的基本单元。随着科学技术的不断发展和人民美好生活需要的日益增长，数字社区通过综合运用大数据、互联网等新技术，以社区综合信息服务平台为支撑，整合区域信息，统筹公共管理和服务等资源，成为促进公共服务智能化的创新模式。然而，随着社区行政属性的不断加强，原有的社区架构难以满足飞速发展的现代社会要求，尤其是在新冠疫情影响下，社区暴露出效率低下，居民参与不足等问题。随着数字化技术的不断进步和应用，科学技术已然成为促进新时代社区治理体系创新的重要抓

① 尹广文，林秀梅.后单位制时代的中国城市社区治理——从地域共同体到精神共同体.山西师大学报（社会科学版），2015(2):44-48.

② 王汉生，吴莹.基层社会中"看得见"与"看不见"的国家——发生在一个商品房小区中的几个"故事".社会学研究，2011(1): 63-95.

手和重塑基层社会治理的中坚力量，能够显著提升社区治理效能，为解决当前社区治理面临的问题和挑战提供新的思路与手段。

第二，利用"去地方化"凝聚社区治理新力量。"去地方化"是一种消解限制行动的时间和空间的社会过程，是从线下到线上的跨维转变。在交通和通信技术的作用下，人们的行动不断超越地理局限，实现跨地域、跨国家，甚至以全球为单位的实时互动。数字技术作为去地方化的工具，在实践层面同样发挥着重组地方社会体系的作用。这种去地方化既是技术的，也是政治、经济和社会的过程。数字技术去地方化的能力，指的是超越地域空间限制和"跨越边界"的社区组织能力。社区成员身处城市任何角落都能够实现即时交流，使得时空分离变得模糊化，进而形成"虚拟"和"现实"互构与交织的独特社区空间。去地方化的过程，可以把所有能接触到互联网和智能设备的居民组织起来，提升他们的社区认同感和归属感。非社区居民也可以借助这一媒介了解和参与社区日常活动，增强社区的多样性及与社会纽带的联系。

第三，通过"再地方化"激发社区治理新活力。"再地方化"是指同区域内的成员借助于信息技术，在政治、经济、文化和社会等层面的行动上，实现从线上到线下的重新联结[①]。再地方化构建起的社区网络试图用数字信息技术满足社区需要，既可以实现线上互动，也可以借助于互联网媒介完成日常所难以实现的线下活动[②]。再地方化不仅仅是一种技术逻辑层面的推

---

① 郑中玉．沟通媒介与社会发展：时空分离的双向纬度——以互联网的再地方化效应为例．黑龙江社会科学，2008 (1): 136-139.

② 姜玉培，甄峰．信息通信技术对城市居民生活空间的影响及规划策略研究．国际城市规划，2018 (6): 88-93

演，而是社会生活实践的一部分，其利用现代化数字技术优势，解决社区资源的整合优化问题，提升传统社区的治理效率。比如，社区成员可以通过智能设备，在各种社区的虚拟平台上实现联系和交流，对日常生活和社区的各项事务展开讨论，从而实现在传统的时空条件下难以建立的联系和组织。社区管理人员也可以通过线上平台完成线下数据的收集，利用大数据的强大动力提升管理能力，提供优质服务。

第3章

问"道"取经，解码全球实践经验

　　无论对于哪座城市，未来其实都没有确定的答案；对人来说，未来社区是多元、全面、便捷、愉悦、健康的生活；对城来说，未来社区是建设的有机更新，是生态的可持续发展，同时也是经济的向上发展，任何有关人文关怀、时代关怀、城市升维发展可能性的探索，永远都不会停止，未来的每个时刻，都是更好的起点。虽然未来社区的建设在国内仍属于新生事物，但在国际上，对智慧社区和未来社区已有持续关注，全球范围内的多种探索和实践也不断涌现，这些模式背后，都有一个趋势：随着新一轮科技革命和产业变革的深入，社区作为城市的基本单元，变成更加充满人文关怀、智慧、低碳、共享的地方。

　　本章选取了五个国家的八个智慧社区和未来社区案例，分别侧重可持续发展、邻里交往、区块规划、数据感知、社会凝聚、基础设施建设等多个方面，旨在为城镇化进程和社区建设领域提供可借鉴的经验。各个国家的不同社区有着不同的规划理念和治理经验，但其共同点都在于打破社区跟城市之间的壁垒，做到信息化全面覆盖，运用科技手段，提升社区居民的幸福指数。浙江在全国率先提出建设未来社区，对于满足人民日益增长的美好生活需要、打好高质量发展组合拳、推动基层治理精细化改革具有重大意义。面对这项首创性工作，需要以开放视野吸收集成世界范围内的先进经验，在取其精华、去其糟粕的基础上总结提炼并创新迭代内化为本土模式。

第一节　日本：未来城市与编织之城

一、柏之叶智慧社区

日本从 21 世纪初，就开始积极打造循环型社会和低碳社会，并于 2008年和 2010 年出台了"环境示范城市"和"环境未来城市"双构想。作为实现传统城市开发向可持续发展方式转变的新尝试，位于关东地区千叶县的柏市于 2011 年凭借"柏之叶智能城市"入选"环境未来城市"项目，柏市将环境、交通、能源、健康等多个领域的先进科技融入新城开发之中，成了应对环境和资源问题的城市范本。

柏市位于千叶县西北部，总面积约 115 平方千米，居住人口约为 42 万人。"柏之叶"区域位于柏市西北部，原是环绕东京大学、千叶大学分校区的一片未开发区域。2008 年开始，柏市政府和千叶县政府、东京大学、千叶大学四方联合提出在新开通的筑波快线沿线空地整合周边产学研资源，建设环保、健康兼具产业活力的"柏之叶国际校园城"构想，柏之叶区域作为未来城市正式开始了规模发展，后续发展为"柏之叶智慧社区"计划。

柏之叶智慧社区的三大建设理念是"与环境共生，健康长寿，创造新产业"，并细化出"地域能源一元化管理、低碳型交通体系、地区医疗养护网络、创造个体价值的社会参与、开发个人创业空间"等 9 大具体应用主题，智慧城市的概念进一步从低碳、降低能耗扩大至更多社区服务。

柏之叶智慧社区以三井不动产为开发主体，由政府负责制定发展目标及提供政策支持，联合研究机构（日本未来设计中心）负责社会问题研究、理念支持以及技术推广，同时整合金融、电力、网络技术等领域的 25 家大型企业的技术支持，进行了未来社区建设计划，市场化的运营很好地调动了各方企业参与的积极性。

"Lalaport 柏之叶"项目是 2005 年筑波快线开通后，三井不动产在柏之叶校园站周边地区布局的核心项目。"柏之叶智慧社区"是三井不动产在都市圈周边布局的具有引领性的智慧城市项目。随着"Lalaport 柏之叶"正式开业，集住宅、商业、办公楼、餐厅、表演厅等城市功能于一体的复合开发型智能城市就此正式诞生。以"与环境共生""健康长寿"和"创造新产业"为主题，通过"官、民、学"合作的城市建设，柏之叶智慧社区争取成为"创造世界未来形象的城市"。

Lalaport 柏之叶作为柏之叶智慧社区的核心商业设施，不仅为居民提供购物、休闲、教育、交流等综合服务，还为推动居民的健康生活管理提供各种锻炼设施、健康活动和解决方案，商场内设有社区健康研究所，免费向市民提供健康相关的信息服务，为了增进街区的步行舒适性，商场也专门制定了步行路线设计指南。通过运营机制和活动提升商业设施与消费端的互动，从而激发区域活力，实现价值提升。柏之叶社区还存储了社区居民的健康、交流和节能减排等地区交流的各种积分，通过把积分转换为商业设施消费积分的转换机制，鼓励消费者积极参与和推动健康的生活方式，同时实现健康城市的建设以及大数据收集等工作。

柏叶智慧城市已建成一定范围的社区智能电网，通过自有的区域电网，将外来电力和区域内自建的太阳能发电系统、区域内蓄电系统存储发电等各类电源进行智能化调节使用，实现了区域电力的调节分配、电力削峰和智能供电。该系统的建设运行，相较常规供电可以实现 26% 的电力削峰，并实现节能、二氧化碳减排等目标。该项目在未来建设中进行了一系列新规划，新建建筑都将安装太阳能发电装置，并设置区域蓄电装置，以作为电力调度智能化的基础设备和自然灾害发生时的应急电源。区域调度中心将各用能单元及区域、区域间的预测用电量和实际使用量等信息，进行智能分析并给出自动配置方案。智能终端系统可以通过大数据和智能化的分析，建立省电、灾害等多种用电模式，使民居、办公、大型商场的电视、空调、电灯等用电器形成一个系统，根据不同的用户需求进行相关模式推荐。通过系统调节，可以按照不同电力来源、价格和不同的使用时间调节电力，实现削峰填谷和能源节约。该系统还担负备灾任务，要求在停电时能保证连续三天、日负荷 60% 的电力向居民供电，同时也负责在灾害发生时为消防电梯、照明设备、供水设备及其他公用区域提供电力，提供了能源使用的安全保障。

为了促进社区居民就业与生活的平衡，柏之叶社区计划于 2030 年扩大规模，实现居住人口 2 万余人、就业人口 1.5 万人。社区内各个建筑将安装太阳能发电板，并在室内安装蓄电装置。与此同时，市内每个家庭和企业内将安装智能终端系统，可以把每个家庭、每栋楼甚至整个小区的电量使用等信息传递给总控。此终端系统可以实现一键化调节用电量，例如可设置一般模式、省电模式或灾难模式，室内电视、空调和电灯等家电都将与该系统相连接，根据模式的变化快速实现对用电量的控制，节省下来的多余电量则会被储存在蓄电装置中。

柏之叶智慧社区的案例为我们探索建立"体制机制协同、数据协同、利益相关主体协同"的新型模式提供了借鉴。"体制机制协同"是打造未来城市和未来社区的有力保障。未来城市和未来社区的建设涉及多部门多行业多领域，现行的管理体制是行业或部门的垂直管理，还需要构建横向统筹、组织、协同机制。例如，多部门要协同制定统一制式或是统一标准的联网入网标准，逐步打通各行业、地区的信息壁垒，为未来城市和未来社区的建设提供条件。"数据协同"是建设未来城市和未来社区的基本前提，各地区都积极建设智慧城市，但部分地区还缺乏最基本的数据采集网络机制，这无疑会阻碍智慧城市的建设。未来城市和未来社区都是复杂的系统，数据协同、集成、动态分析是其神经中枢，只有发挥好神经中枢的作用，才能及时反映出城市运行管理中出现的问题，并作出合理有效的决策。"利益相关主体协同"是发展未来城市和未来社区的根本目标。政府在未来城市和未来社区的建设中不再是单一的主导者，而是转变为多个利益相关主体之一，其作用更多是引导和制定政策方面的支持。未来城市和未来社区建设过程中应建立多方主体的交流平台，促进公私合作、多元参与、同谋同策，以保证在运行过程中更好地实现多方合作，提升服务效率，提高市民的生活水平。

建设理念是未来城市和未来社区建设的灵魂，关系到城市发展定位、实施方式、运营方式等。柏之叶的案例中，始终贯穿着以人为本的建设理念，规划设计实施中充分考虑了老年人的康养医疗、年轻人的创业就业、儿童成长需求等各个年龄段都能愉快生活的战略目标。同时，致力于实现提供创业平台、稳定就业、就近上学、健康养老、美好生活的现实目标，以吸引更多的人，特别是年轻人前来居住，为未来社区的建设和可持续发展提供了值得借鉴的思路。

二、丰田编织之城

日本在 2016 年发布《第五期科学技术基本计划（2016—2020）》，首次提出了社会 5.0（又名超智能社会）的概念，指继狩猎社会、农耕社会、工业社会、信息社会之后出现的第五种社会新形态[①]。其特征是虚拟空间与现实空间高度融合，通过物联网和人工智能不断催生新价值。"社会 5.0"的一大特征，是以"人才"和"数据"为价值源泉，创新社会治理方式和技术，建立解决社会问题的新机制。因此，需要建立健全数据基础设施，以开放的数据平台以及标准化制度等配套措施为底座，建立人人可用的数据创新体系，为"社会 5.0"的实现和迭代赋能；"社会 5.0"将积极探索科技创新成果，争取提供精准医疗服务、提升健康水平等方面的应用，形成电子健康档案，整合共享医疗数据，并开发新型健康医疗护理系统，提供个体化的精准治疗方案和健康咨询服务；通过整合运用人工智能、大数据分析和无人驾驶等技术，提升交通出行服务水平和物流运输效率，为居民出行提供便利，扩大日常活动范围，同时综合分析并挖掘潜在需求，实现个性

---

① 丁曼."社会 5.0"：日本超智慧社会的实现路径.现代日本经济,2018(3):1-14.

化服务，创造出更大的附加价值①。

2021 年，日本正在兴建一座丰田"编织之城"，其位于静冈县裾野市一个前工厂所在地，占地约 70.8 万平方米，通过实现互联、清洁和共享出行的承诺，创造了车辆、交通方式以及人与自然之间新的和谐关系。"编织之城"设想打造一个灵活的街道网络，形成不同街道类型的网格，目的是将交通分隔成三条不同的路径，分别供快速车辆、低速移动设备和行人使用。

"编织之城"的建设有三大特点，一是基础设施和建筑实现能源清洁化。包括氢燃料电池系统在内的城市基础设施将全部设置在地下，建筑材料以环保木材为主，屋顶设置太阳能发电板，力求在实现环境协调和可持续发展的前提下推进城市建设。二是居住环境智能化。建筑物、车辆和居民可通过传感器相互沟通，房屋配备 AI 助手，人们不仅可以体验室内机器人等新技术，还能够通过基于传感器数据的人工智能来检查健康状态。三是日常生活彰显人本价值。城市中将建造各式各样的公园和广场，为居民们提供社交场所，促进人际交流、形成人际关系紧密的现代化人文社区。

"编织之城"的创新点在于，将新兴技术深度融入城市数字基础设施建设。基于未来城市的"数字化""智能化"特征，"编织之城"建设过程中十分注重新一代网络与通信技术、数字孪生等新兴技术在城市基础设施和早期规划中的应用。其中，"编织之城"将重点打造强大的都市操作系统。在此过程中，日本主要通信运营商日本电报电话公司将作为城市通信及数据运营方深度参与其中。短期内，重点研发和试点基于 5G 通信技术

---

① 刘平.日本经济社会发展新模式：社会 5.0.上海经济,2017(5):82−89.

的城市应用；在中长期，重点面向后 5G 时代，探索研发智慧城市解决方案，通过研发负责信息通信的全光子网络技术、负责计算决策的认知基盘和负责模拟现实的数字孪生技术，最终实现超大容量、超低时延和超低能耗三大性能目标的城市"数字底盘"。

丰田"编织之城"希望用各种智能技术把城市编织成一体，作为自动驾驶、智能家居和人工智能的研究测试平台，大力推进基础设施和行业协作。对于我国的未来社区建设来说，"编织之城"可作为"数字技术＋社区"的建设模板。因此，我国也应探索数字化转型与基础设施数字化改造深度结合的未来社区范式，在一定区域范围内结合硬件基础设施的开发建设或更新改造，试点软硬件深度结合的未来城区或未来新型街区的孵化项目，探索更具突破性的创新解决方案。此外，打通各垂直领域的智慧化解决方案，打造综合而鲜明的未来生活场景，在"试点"内形成各领域资源共享，打造丰富具体的应用场景，努力消除垂直领域间、社区内外主体间的"数据孤岛"，为未来社区的整体规划与顶层设计积累经验。

第二节　新加坡：邻里中心与智慧市镇

一、淡滨尼新镇

新加坡的"邻里中心"模式，源自 1965 年推行并长期实施的"组屋"计划，经过几十年的发展与探索，已成为新加坡的城市金名片。"邻里中心"是以本区居民日常生活为中心，以商业设施为主，构建多层次的公共中心体系，包括区域中心、镇中心、邻里中心、组团中心四个层级，是满足人们在住所附近寻求生活和文化交流的家庭住宅延伸体系。其中，狭义层面的邻里中心服务于 1 万—2 万人，主要功能包括菜市场、社区商店、理发店、餐饮场所、诊所等，采用集中式布局，为居民提供必要而便利的公共服务。在这一体系下，"菜场、超市是厨房的延伸；浴室、洗衣房是卫生间的延伸；影院、茶座、歌舞厅是客厅的延伸；图书馆、阅览室是书房的延伸"。"邻里中心"把既有商业和服务设施集成一体，既缩短了这些设施与社区居民的距离，又满足了人们多样化的需求；既便民利民，又提高了居民的生活质量和城市环境质量。淡滨尼新镇在设计时，提出结合不同功能优势、创造新型城市核心节点的合心生态发展模式，将大型公共体育设施有效地结合到社区中心里，除了优化整体城市功能布局，这种模式也深耕区域特色，与公共绿地结合并形成更有活力的城市街景，是新一代社区中心开发模式的典范。淡滨尼新镇内设有公共服务中心、运动场、图书馆、家庭医疗中心、运动科技中心、游泳馆、乐龄活动中心、小贩中心、民众俱乐部和零售商店等，融合多种生活方式，为居民打造出一个开放、亲民的共享空间，人们在社区中聚会、闲聊，甚至是发呆，在喧嚣的城市中追寻自我的归属感，这种模式是新加坡邻里中心集休闲、娱乐、环保等多位发展于一体的代表。同时，淡滨尼社区还主张把绿色还给市民，于是屋顶的生态社区花园应运而生，休憩游玩之余，居民还可以亲自参与到花园建设中，而花园植物所需的大部分养料则来自小贩中心回收的食物，经过生态转化池变废为宝，一个天然的可持续生态系统形成了，正是这些节能环保的措施，使淡滨尼新镇能减少了 30% 的能源消耗量，也因此获得了 BCA 颁发的绿色建筑奖。

　　"邻里中心"是政府调控下的商业行为，在政府的支持下，它为社区居民提供教育、文化体育、生活福利等服务，这种不断完善的商业组合，取得了相当可观的经济效益，还提供了很多就业机会。例如淡滨尼新镇集成餐饮购物、文化休闲、医疗卫生、体育运动、养老福利、行政办公、社区活动等全方位服务功能，保障全龄段人群的多元需求，强调社区活力的激发[①]。邻里中心不同于商业综合体，强调发挥邻里互动的触媒作用，设施开放式广场，与公益组织、俱乐部合作由居民自发开展活动，促进邻里共融。开放式社区也会为游客提供服务，例如淡滨尼新镇每年接待1800万名游客，平均逗留3小时。邻里中心依托数字化手段动态响应社区需求的变化，淡滨尼通过视频分析系统监测客流量、客流密度、访客路线和停留时间等，基于行为偏好进行科学配置相关功能业态、活动或组织架构。

新加坡的"邻里中心"主要由政府主导，通过邻里中心为居民提供社区公共服务资源。可想而知，社区管理中的两大主要活动经费来源中，一是政府，另一个是社会募捐。在社区管理中，几乎所有的社区活动都是自愿性质的，聚集了不同兴趣爱好和心理需求的人，形成了组织、参与和资助各种社区活动项目的广泛群众基础。同时，社区建设的过程中十分重视保障公益性设施的建造，平衡经营性和公益性功能，在减少社区运营成本的同时，又能给社区居民提供优质的服务。淡滨尼新镇从最初的概念性策划到最终落成，12个政府部门代表、商业代表和不同年龄段的居民都密切参与了各阶段的设计和建设工作，真正实现了为民而建、与民共建的初衷，也大大增强了淡滨尼社区的凝聚力[②]。

---

① 张威,刘佳燕,王才强.新加坡社区服务设施体系规划的演进历程、特征及启示.规划师,2019(3):18—25.

② 你所不知道的新加坡"邻里中心"(2021-05-26).搜狐网.https://www.sohu.com/na/468631965_120178873.

在数字化方面，新加坡虽很早就提出智慧城市的概念，但土地、经济、人口等因素部分限制了新加坡智慧城市的建设，因此新加坡政府一直在进行缜密的顶层规划，厚积薄发，直到 2015 年才开始落地实施。新加坡的智慧城市从智能规划、智能环境、智能住宅区、智能生活和智能社区五大方面着手，通过应用资讯与通信技术，致力于打造更加宜居、高效、永续和安全的生活城市。

新加坡的"邻里中心"和智慧城市的建设，为我国的未来社区建设提供了宝贵的经验。首先，社区"中心"具有较强的公益性特征，同时从服务社区生活的现实需求来看，经营性功能同样重要。因此，在建设未来社区的过程中，需要平衡好社区的公益性和经营性功能，在充分发挥社区中公益性组织作用的同时，尽量节省社区建设的成本。此外，还需探索社区的连接性，发挥"中心"的混合功能，作为未来社区的门户，成为联系社区与城市的纽带。在数字化建设方面，缜密的规划和顶层设计也是我国未来社区建设的必要路径。

二、榜鹅新镇

作为新加坡人心中的"威尼斯"，榜鹅新镇因榜鹅水道而闻名全球。榜鹅水道及榜鹅城市建设获得了新加坡设计指标金奖、国际宜居社区金奖、国际水协会"全球卓越成就奖"和"最佳规划奖"等诸多荣誉。目前榜鹅新镇正向建设一个可持续发展的、拥有良好环境的绿色智慧新市镇的目标迈进。

榜鹅新镇位于新加坡东北部，东西临河，北面滨海，南面以快速公路为界，总用地面积为 9.57 平方公里，通过淡济尼快速公路、地铁东北线与新加坡的中心区联系起来。榜鹅过去是一个偏远渔村，居民多从事种植业和家禽养殖，配套不完备，基础设施较差。如今，榜鹅的面貌已经有了翻天覆地的变化。作为新加坡第三代新市镇，榜鹅是在 21 世纪新镇计划下建设的第一个新城镇，目前仍处于建设之中。其发展目标是提供约 9 万套住宅和配套的商业、社会、娱乐休闲设施，供约 30 万人口居住生活。榜鹅新镇不仅延续了新加坡"花园中的城市"的建设理念，其高密度人口与自然环境相融合的理念更成为 21 世纪城市的新典范，是一座"技术驱动、可持续发展"的新城①。

榜鹅新镇的发展总体分为两个阶段。在新加坡政府宣布"榜鹅 21+"开发计划之初，以"打造绿色生态环境、优质宜居市镇，吸引年轻家庭与喜欢亲近绿水蓝天的居民到这里生活与休闲"为主要目标，期望发展成为"21 世纪的海滨小镇"。随着地区配套设施的逐步完善，交通便利程度的极大提升，以及榜鹅在城市治理创新、城市智慧化方面的深入研究，尤其是智慧城市平台的开发，榜鹅的定位正式与"智慧"挂钩。新加坡政府于 2018 年正式宣布榜鹅北部将建设榜鹅数字园区。

榜鹅数字智慧园区占地 50 公顷，选址位于新加坡理工学院旁，计划打造成为数字、网络安全、人工智能行业的中心。这个数字智慧园区将不仅作为一个促进数字经济快速增长的商务产业园区，更将为周围社区带来绿色包容的生活方式。学生与 IT 专家之间的合作可能进一步迸发出创新的火花，并促进尖端技术的突破。

榜鹅数字智慧园区的规划有四项愿景目标：一是创造所有榜鹅居民可

---

① 从"狮城威尼斯"到"新加坡硅谷"：榜鹅新镇发展之路 (2021-03-02). 上观新闻. https://sghexport.shobserver.com/html/baijiahao/2021/03/02/372605.html.

以共享的社区游乐场和绿色生态；二是营造方便居民出行、较少车行的区域；三是创建充满活力的经济和学习中心；四是成为企业发展试点先行区，为产业和科研创造共享空间。随着新加坡迈向智慧国家步伐的加快，榜鹅数字园区将展示综合规划和技术如何为社区创造更宜居和可持续的环境，如何促进商业蓬勃发展并吸引更多创新人才。"智慧榜鹅"作为未来生活的典范，将成为新生活方式、新工作方式以及新服务方式的试验场所。具体有以下四个方面的举措：

首先是实现数字化运营，提升公共服务便利性。智慧榜鹅为市民提供智能便利设施和无缝衔接的一站式公共服务。在商业管理方面，榜鹅将成为新加坡首个采用公开数字平台的商业区，企业通过这一平台连接到不同感应器和系统，并可借助收集的数据转化成实际应用和策略方案，从而提升社区整体商业环境。

在社区服务方面，榜鹅将建设一系列公共服务中心，包括一个面向青少年以及上班族的新型民众社区俱乐部—imPAct 榜鹅数字园区，提供一站式社交空间；建设可供虚拟训练、增强实境游戏以及在线设施预订服务等诸多在线功能的榜鹅区域体育运动中心；另外还将建设拥有智能设施管理系统的小贩中心，通过传感器探测用水量、气味和厨房排气气流，以提供更高效的清洁和维护服务。在物流配送方面，榜鹅将打造可以随时收取和派发的集中式物流集散中心，以提高物流效率，减少交通问题

其次是完善个人移动设施，实现环保通勤轻松出行。为方便居民更加高效便捷地出行，榜鹅数字园区希望能提供更多的交通选择，打造园区内的轻松出行和便利通勤，实现"弱汽车化"的出行模式。园区内将完善个人移动设施，方便脚踏滑板车、电动滑板车、无人驾驶汽车在园区内的通

行。园区的规划以通勤为重点，建设多条专为环保通勤而设计的道路。另外，随着地铁东北线新增的榜鹅岸站以及全新的公共汽车换乘站的建成，至2035年该地区将有5条地铁线路，园区的出行将更为便利，选择也更趋多元化。

再次是利用"空间交换"，创造"产学研"协同创新效应。榜鹅数字园区采用政府、企业和学校共同策划的综合发展路径，在学术科研、产业和政府之间将建立"三重伙伴关系"，旨在创造协同效应，摆脱传统管理中的诸多障碍，实现产学研的紧密结合。

榜鹅数字园区被列为新加坡首个试行的"企业发展区"，这意味着开发商裕廊集团可根据需求灵活调整土地用途。新加坡理工学院和商业园区占据的土地原本分别只作为教育和商业用途，但在该分区里，大学的实验室和教室可设在商业园区楼宇内，而商业园区内企业的研发中心和初创企业也可进驻校园。这种空间"交换"的方式，可以促进学术界和企业界之间的协同作用，形成"商学相融相长"的合作模式。这种办学模式一方面有助于学习与就业之间实现无缝过渡与衔接，另一方面大学产生的新技术或新的商业理念可以由园区内的企业率先进行测试和运用，有助于提高产品技术商业化的成功率。尤其应对网络安全、智能电网和智能设施管理等关键领域的挑战，这种方式可以加快创新想法的试验与转化，也有助于在这些数字经济的关键增长领域中创造更多的就业机会。

最后是引入洁净能源及智慧创新科技，实现绿色可持续发展。榜鹅数字园区的综合发展规划，将统一规划园区内基础设施，整体构建智能能源网络，着重打造首个智能电网商业园区。通过洁净能源及智慧创新科技，节省能源成本、降低碳排放量并提高能源效益。

在家庭智能应用方面，榜鹅北岸组屋的居民将在家中配备内置的智能插座和智能配电板，以便更好地监测家庭能耗。智能能源电网对总体电力消耗进行实时管理，进一步保障节能效果。在垃圾收集方面，区域性地下真空管网的气动垃圾收集系统，将多栋大楼的垃圾"吸"到中央垃圾槽处理，无须再依赖垃圾收集卡车，最大程度地减少了与传统垃圾收集相关的交通、噪音、害虫和气味滋扰。气动收集动力借助区域冷却系统实现，可以同时减少区域的碳排放。

从偏远的小渔村到生态智慧新城，榜鹅新镇的规划体现了如何结合自然资源和科技智慧打造理想的人居环境，也充分展现出新城的规划理念是如何随时代的发展而变化创新。这个独具匠心的"新加坡硅谷"，不仅让我们对优美的生活环境心生向往，更是让我们对如何建设未来更生态、宜居、便利、智慧的新城，有了更多的憧憬与思考。

第三节　加拿大：健康园区与海滨社区

一、艾尔德里智慧社区

艾尔德里致力打造加拿大最健康的社区，希望通过吸引全社区成员的参与，创建更健康的社区文化，从而改善社会、经济、医疗环境，使居民预期健康寿命在 5 年内增加 3 年以上。

艾尔德里智慧社区的建造者认为，健康主要受传统医疗保健以外的因素影响。他们引用了健康基金会进行的一项研究，该研究表明："社区居民健康的 10% 与医疗保健有关，剩下的 90% 与良好的工作、环境、金钱、资源、住房、教育、技能、食物、交通、家庭、朋友和社区本身等因素相关。"意识到传统医疗保健以外的条件可以改善居民健康，艾尔德里开始考虑如何从社会、经济、物质三个方面解决健康问题。他们打算以四项指标为衡量标准，从而掌握居民的健康状况，并持续改进：福利、居民与社区参与、健康成果、资源利用提升[①]。

艾尔德里社区使用技术来保证居民更多的参与、知情和授权，促进他们参与健康的社区文化。社区综合健康园区计划收集来自传感器和平台的社区健康数据，以测量居民的健康水平。他们还打算创建一个基于需求的医疗网络，以满足相关居民的医疗保健需求，同时还希望打造一个促进社区参与并有技术支持的健康合作社。

艾尔德里社区的另一个重点是数据收集和访问。社区对开放式数据产品进行优化，增加对互联技术的使用，并构建智慧健康社区操作系统。该系统支持个人、企业和组织之间的数据交换。除此之外，社区还编制了服务目录，这些服务可通过移动应用程序、门户网站和信息亭进行访问，该目录将有助于增加居民对可用服务的使用。保证安全和隐私是这一系统的基本要素，系统本身不会存储可识别的数据。

艾尔德里社区选择通过智慧城市和智慧社区计划来解决居民的健康问题，不仅是为了回应居民的关注，更是因为与传统医疗投资相比，这种方式能为加拿大人提供更有效、更经济的医疗途径，更高效地增加基础设施、用更少的资金完成更多的目标，在节约成本的同时提高资源的利用效率，是我们建设未来社区时同样需要考虑的问题。同时，积极倡导智慧社区以

① 未来社区 | 加拿大智慧社区：关注城市居民健康和福祉. 城市中国. 2021. http://www.hdd-group.com/zw/index.php?c=article&id=182

改善居民健康的另一个原因，是期望通过智慧手段，去打造更全面的健康服务措施，智慧方案的应用并不只专注于技术本身，而是要强调智慧技术对其他要素干预的需求。

二、多伦多码头社区

加拿大多伦多滨水区的 Quayside（码头）未来社区，由谷歌旗下的智能城市子公司 Sidewalk Labs 与多伦多政府合作打造，采用了最新的设计思路与最先进的科技手段，旨在将 Quayside 打造成以人为本的智慧社区。

Quayside 未来社区位于多伦多市中心东南侧，是整个北美最大的尚未开发的城市片区，占地面积超过 325 公顷，旨在通过最新的设计思路与最先进的科技手段，打造出以人为本的社区，使多伦多成为全球正在快速兴起的创新型工业城市中心之一，并将此作为其他社区发展可持续与经济效益的模范。Quayside 包括一系列围绕交通、基础设施、住房、数字工具、可持续设施、建筑和公共空间的创新。通过创建一个新的"海湾"，新公共空间以水为中心，将所有人连接到海滨。与水的连接是码头区计划的主题：居民、工人和游客可以通过驳船、皮划艇和新建的浮动木板路与水直接互动[①]。

Quayside 未来社区项目的核心是搭建一个线上平台，使得物质空间层面与科技数据层面能够相互渗透并标准化，为城市创新提供依据。物质空间从建筑、交通、公共空间、基础设施四个方面入手，希望创造更加灵活开放的城市空间，而科技数据空间则将这四方面串联起来，数据感知的方式贯穿整个社区系统，便于收集周边实时数据，时刻掌握动态变化。其中，

---

① 多伦多未来社区规划建设的曲折探索与反思启示 . 微信公众号：城市怎么办 . 2022

地图组件便于收集地理位置信息，如基础设施、建筑、交通和公共空间的资源共享。账户组件提供高度安全、个性化的端口，为居民提供公共或私人的服务。Quayside 未来社区的以人为本还体现在社区健康服务的建设上，参与者提出了"Care Collective"系统，它包含社区会客厅、健康诊所、放松空间、活力药铺、健康图书馆和快闪店铺六大空间类型，同时融合了"数字中枢"这一科技概念，这个系统不仅关注居民个体的身心健康，还能顾及整个社区的健康状况。

然而，2020 年 5 月，加拿大 Quayside 未来社区项目突然宣布停止，因为城市居民对传感器无时无刻的数据收集发出了质疑，他们担心自己的隐私会被侵犯，负面影响不断发酵，引起越来越多的反对舆论，导致项目被迫夭折。可见，未来社区的提出和建设对于城市的更新、升级及社会经济发展具有积极作用，总体是值得被鼓励的，但也需要一个尺度上的把握和衡量。加拿大 Quayside 未来社区项目的夭折，也给我国未来社区的建设敲响了警钟，即一定要在因地制宜的基础上作好规划，加强与社区群众及相应利益群体之间的沟通，充分考虑社区居民对数字化的接受程度，加强对数据储存和应用的保护，将智能化与人性化有机结合。"以人为本"是项目的核心理念，须以对人的关怀为出发点，充分了解民意，体达民情，避免出现政府与社区、居民三方主体信息不对等及服务与需求不匹配的情况。

第四节　荷兰：智慧街区与生活实验室

科技能够改变我们居住、工作、交通和学习的方式。数据技术、传感技术、人工智能和增强现实可以让建筑师和设计师设计出能够感知并回应用户需求的建筑。基于数据记录，对人类行为进行深入解读，使其成为持续改进城市响应用户需求的基础。数据和设计的结合将成为改善人类居住条件的重要力量，并最终创造更加人性化、健康、安全、清洁、可持续、环境友好的建筑和城市。因此，空间设计师的新任务是学习借助数据进行空间设计，这也正是荷兰公司 UNSense 致力推进的。

为实现这一目标，建筑师、设计师和城市规划师需要与开发商、城市管理部门以及不同领域的专家团队进行创新性合作，在真实环境中寻找并测试应对当前挑战的整体性解决方案。带着这些想法，UNStudio 最近完成了位于荷兰赫尔蒙德市的实验性城市开发项目"Brainport 智慧街区"（Brainport Smart District，简称 BSD），这一独特的项目旨在建设"全球最智慧街区"，目前在荷兰赫尔蒙德的 Brandevoort 区中进行开发改造①。

Brainport 智慧街区占地 155 公顷（超过 320 个足球场的面积），以建设一座标志性智慧城市为目标。计划建设期为 2020—2030 年，目标是将循环（发展）、居民参与、社会凝聚、安全、健康、数据、新交通技术、独立能源系统等最新概念及技术变成现实。与大多数开发项目不同的是，BSD 不会循规蹈矩地按照先设计、后建设的顺序进行建设；相反，设计和建设将同时推进，齐头并进。这个新区旨在推行创造一个独特而可持续的生活概念，倡导实验和"从实践中学习"的理念

BSD 的居民也是这个"生活实验室"的一部分，这是一种新的社会形态，居民将在居住环境发展中起到重要作用。这一新区的目标是为独特的可持续居住理念作出贡献，主张"在实践中学习"，以期创造一套系统性的、

---

① UNStudio 公布"全球最智慧街区"，将建在荷兰赫尔蒙德. UNStudio. 2019

可在区域乃至国家等更大尺度上应用的解决方案。BSD 的计划中包含一套个人化的数据系统，这意味着未来的使用者将拥有他们个人数据的所有权和管理权。根据计划，这些数据可通过统一的收集和处理手段进一步连接到空间信息（包括住房、建筑组团、不同的街区乃至整个区域）。这一系统的基础是专注于居住、社区、能源和交通的大数据平台。这一系统拥有多重功能（例如模式识别、检测和组合数据），这些都可自动进行。该平台被划分成不同的小单元，并成为 BSD 提供的 APP 和服务的一部分，同时也是项目团队监测和预测 BSD 的"城市大脑"的基础技术。

UNStudio 的这一城市愿景并非作为预先制定的固定开发计划，而是采用灵活的框架，根据每位用户的需求进行改进和开发。通过使用数据分析埃因霍温周边特定园区和街区的用户行为，分析结果将为 BSD 的功能布局提供决策依据。城市发展区和自然区均被视为生产空间，融合生活、工作和休闲娱乐的场所。一个共享的中央公园将成为街区活跃的社交中心，所有居民都能在这里体验康体活动和文化节目。

为了吸引新的本地和国际用户，BSD 持续探索新的生活和工作方式。鼓励居民使用共享能源生态系统和耕作土地等公众资源体系，入驻的企业则主要侧重于创新研究领域。他们期望围绕生产打造的城市环境可以营造出"Brainport 智慧街区制造"这样独特的地方经济。

BSD 计划开发 1500 个新住宅和 12 公顷的商业区域。整个开发项目都将采用最新的科技和知识，以实现可持续发展、循环和具备社会凝聚力的街区。BSD 将成为一个"生活实验室"：围绕中央公园打造混合住宅社区，四周布有商业空间和自然保护区。该街区旨在发展建筑和景观的全新关系，希望彼此能相互作用、共同发展，同时为食品、能源、水、废物处理和生物多样性提供积极的生产环境。

　　BSD 的愿景给我们提供了一个能给予人们权利、激励人们创新的未来社区建设和发展框架，这种规划提供了极大的发展空间，其灵活的框架也能适应社区扩张的需求。这种超前想法同时提供了一个能确保生态、社会和经济可持续发展的框架。通过在建设早期引入循环系统概念，有机会让不同规模的创新解决方案实行协同作用。BSD 通过整合循环标准——包括原材料、能源和气候适应方面，以及生物多样性、人类健康和新的经济机会，营造了智慧社区发展的新标准和新模式。

第五节　中国：智慧城市与社区生活圈

　　我国智慧城市和智慧社区建设背景主要面临城市人口增长与承载能力不协调、政府公共管理与公众需求之间的显著矛盾。同时，得益于我国新一代移动通信技术、物联网以及大数据的快速发展，剧烈的生产技术变革催生了社会各界对智慧城市等的探索，吸引了各类资本的目光。以上海为例，智慧城市和智慧社区建设经历了初步探索、落地实施和发展转型三阶段，建设聚焦智能基础设施、政府侧管理服务和智慧人文。

　　上海市于 2011 年 9 月在国内率先推出《推进智慧城市建设 2011—2013 年行动计划》，并于 2014 年 12 月发布《推进智慧城市建设行动计划（2014—2016）》、2017 年 6 月发布《上海市推进智慧城市建设"十三五"规划》。2018 年以来，上海的智慧城市建设从数字化进入智能化阶段，连续发布《全面推进"一网通办"加快建设智慧政府工作方案》《2020 年上海市关于进一步加快智慧城市建设的若干意见》《上海市城市运行"一网统管"建设三年行动计划》等文件，上海智慧城市建设之主要目标设定为：将上海建设成为全球新型智慧城市的排头兵，国际数字经济网络的重要枢纽；引领全国智慧社会、智慧政府发展的先行者，智慧美好生活的创新城市。坚持全市"一盘棋、一体化"建设，更多运用互联网、大数据、人工智能等信息技术手段，推进城市治理制度创新、模式创新、手段创新，提高城市科学化、精细化、智能化管理水平。在两轮智慧城市建设行动推动下，上海的信息化水平保持国内领先，在移动通信、民生应用等领域迈入世界领先行列。

在智能化阶段，上海的智慧城市建设经历了从数字到数智再到整体智治的转型升级过程。首先是数字到数智的阶段，其核心思想是：通过"两张网""一朵云"以及"城市数据大脑"建设，将辖区按照属地关系、空间布局、监管特征、服务辐射力等标准划分为若干治理网格，运用数字技术对人员、组织、设施进行精细化管理，建立动态监测、响应、处置、评估系统以及综合指挥枢纽，进而实现精准识别、科学研判和高效处置，全面提升城市的"智治力"。主要措施包括：（1）统筹推进上海超大城市治理协同与共享；（2）构建上海超大城市治理协同运行体系；（3）积极推进公共数据资源共享开放；（4）利用信息科技打通应用场景"最后一公里"。其次，是从单一智治到整体智治的转型升级。"整体智治"指的是政府通过广泛运用数字技术，推动治理主体之间的有效协调，实现精准、高效的公共治理。上海以政务服务"一网通办"和城市运行"一网统管"的"两张网"为实践，精细治城，通过政府自我革新和提能升级，努力提升大数据时代特大城市"智治力"。主要举措包括打造万物互联的城市整体智治网络管理系统，构建面向公众参与的网格化多元社会治理格局。

2018 年，上海智慧城市建设进入智能化阶段，具有向需求导向转变、鼓励企业参与智慧城市建设以及着手建设数据交易所等三个亮点特色：

第一点．更进一步向需求导向转变。主要表现为从供给导向向需求导向转变、从着重信息化项目建设向强调数据资源赋能转变。路径的调整使上海的智慧城市建设任务聚焦于城市当前急需解决的重要问题，建设成效得以迅速呈现。基于明确用户需求的智慧城市建设项目更能够得到初期在政府主导下建成的高水平现代信息技术设施的有力支撑，从而使智慧城市建设步入良性发展的快车道。

第二点，更加鼓励企业参与智慧城市建设。2018 年 8 月，上海市政府与阿里巴巴、腾讯两家互联网公司签订了战略合作协议，加强政府与企业在政务服务、社会治理、城市管理、产业发展等方面的合作，动员企业的力量共同加快城市智能化水平的提高。

第三点，打造数据交易所完善数商生态体系。2021 年 11 月 25 日，上海市人民政府的相关部门和机构在浦东新区成立上海数据交易所，旨在打造推动数据要素流通、释放数字红利、促进数字经济发展的重要功能性机构。上海数据交易所采用公司制架构，围绕打造全球数据要素配置的重要枢纽节点的目标，构建"1+4+4"体系：紧扣建设国家级数据交易所"一个定位"；突出准公共服务、全数字化交易、全链生态构建、制度规则创新"四个功能"；体现规范确权、统一登记、集中清算、灵活交付"四个特征"。上海数据交易所面向数据流通交易提供高效便捷、合规安全的数据交易服务，同时引导多元主体加大数据供给，培育发展"数商"新业态。力争用 3—5 年时间，将国家级数据交易所的"四梁八柱"构筑成型，实现"汇天下数据而通之，聚天下数据而用之"的目标。

在社区更新中，上海将 15 分钟社区生活圈打造为社区生活的基本单元，体现出社区治理意识的多维度转型，在市民 15 分钟步行的范围内，建设"宜居、宜业、宜游、宜学、宜养"的社区生活圈，努力推动实现幼有善育、学有优教、劳有厚得、病有良医、老有颐养、住有宜居、弱有众扶。2016 年，上海发布全国首个《15 分钟社区生活圈规划导则》；2016 年至 2019 年，启动实施"共享社区、创新园区、魅力风貌、休闲网络"四大城市更新行动计划；2019 年起，上海选取 15 个试点街道全面推动"社区生活圈行动"，针对空间品质和社区治理两大短板，聚焦规划空间统筹和资源政策供给，尤其充分运用"城市体检"等空间信息化手段为社区"问诊把脉"，重点提升教育、文化、医疗、养老、体育、休闲及就业等设施的配建水平和服务功能。

截至 2022 年 1 月，上海市已有 180 余个项目落地，长宁区新华路街道、普陀区曹杨新村等一批社区整体更新成效显著。社区空间环境和服务设施品质得到整体提高，居民共建共治意识和社区凝聚力明显提升，社区空间治理信息化场景应用也为上海城市治理数字化转型提供了积极助力。上海在 2021 年举办的上海空间艺术季期间，发布《"15 分钟社区生活圈行动"上海宣言》，进一步强化"社区生活圈"顶层设计，结合"上海2035""一张蓝图"的落地，进一步扩大全市"15 分钟社区生活圈"覆盖规模，增强市民获得感、幸福感、安全感，推动上海"人民城市"建设进入新阶段。

第六节　国内外经验总结

综合来看，国内外对"未来社区""未来城市""智慧城市"等相关概念已开始探索，社区未来化方向总体呈现以促进人的全面发展为本，现实生活和虚拟生活有序联动，人文、科技、生态交织等趋势特征，给未来社区的数字化建设提供了多方面的参考。

首先，从全球角度来看，尽管不同国家对智慧城市、未来社区的认识千差万别，但以"人"为中心的价值观，已成为数字化建设的共识。所有技术应用皆从社区使用者（不仅仅是居民，还包括社区工作者、访客等）的需求出发，针对他们的各种不同需求——如教育、养老、交通等进行分析，提供一套解决方案或一套小的应用，来帮助解决实际问题。可见，数字化建设不是再造线上渠道，而是打破壁垒，重构流程，继而对公共资源重新组织、作最优调度，最终提升老百姓的体验感，推动生活方式的迭代升级。当下我们正进入一个"人人贡献数据，人人享受数据"的时代。每个人都可以在社区中有所贡献，同时又能享受其中的服务。这将要求在社区数字化建设过程中加强数据产权制度建设，把强化平台企业数据安全责任落到实处。这不仅有利于向人民群众提供高质量的服务，也有利于维护好个人数据权益及隐私权。

其次，数字赋能未来社区建设需要打造丰富而具体的应用场景。应用场景是支撑未来社区数字社会建设的重要载体。全球各地多采用问计于民的方式，结合社区生活中的痛点、难点、堵点，让老百姓更广泛地参与进来，不仅降低数字建设成本，也让老百姓尽快享受数字化建设的红利。同时以场景应用为牵引，让市场主体更广泛地参与进来，结合市场主体现有的技术积累，推动应用场景迅速落地、复制和推广。在应用的选择方面，既有日常生活配套的需求，也有个性化、定制服务的需要，充分体现出社区的自由度和创新性。例如，人性化的街道、可持续的交通方式、更包容的公共空间、可负担的住房、可利用的地面和地下基础设施、更环保的垃圾处理、更有活力的产业发展等，将软件打造成信息化、数字化、智能化的社区服务治理"数字底座"。

再次，数字赋能未来社区建设应具备开阔的技术视野。全球案例分析表明，当前数据采集和使用能力和未来社区所需要的能力之间仍存在差距。未来城市发展已步入智能化阶段，社区数字化建设需要依托大数据、人工智能、区块链、卫星遥感、物联网等新兴技术手段，完善数据资源体系，释放数据资源的价值，为精准治理提供技术支撑。通过推动数字社区和现实社区的虚实融合，人的任何需求、任何事情，都可以有一部分在线上完成，人工智能技术的算法，会帮助受众满足各种需求。未来社区致力于构建社交新模式，可打造沉浸式体感互动专区，营造游戏、教育、运动、亲子等互动场景，实现邻里互助新体验。在促进未来社区资源共享方面，可使云系统与医疗设备、健康监测设备、家居健康设备相互支撑，形成服务闭环，构建医疗生态系统。利用人工智能、无人机等现代先进技术，可以在社区中搭建车联网、物联网，实现协同驾驶、无人巡检、智慧仓储等应用服务，促进智慧物流的建设。除了 ICT 类技术（物联网、人工智能、无人驾驶），还可利用城市设计仿真系统、装配式建筑、分布式能源等，着力构建人与人、人与物、物与物互联互通的网络，达到技术的综合性和全面性，充分提升社区资源服务的共享性、功能的多样性，实现居民生活的便利性。

　　最后，数字赋能未来社区必须坚持可持续发展。与传统社区不同，未来社区更注重持续生长和有序发展。在复杂约束条件下，数字化建设需要合理的空间设计、前沿的技术应用和负责任的政策相互配合，缺一不可。在未来社区建设中，应将数字化开发强度视为社会经济多样性、联系度、集约度、活跃度等因素的复合函数。同时要强调政府、市场和社区互动协商、共享服务，搭建共享资源、及时反馈信息的渠道，以增强社区凝聚力、增进社区整体利益最大化和实现可持续发展，从而提升治理水平和治理效率，并将人文、科技、生态的和谐交融贯穿其中。

第4章

从"浙"探索，实践数字美好生活

　　浙江省以满足人民美好生活的需要为根本目的，围绕社区全生活链进行建设，针对未来社区提出了"一中心三化九场景"的创新性顶层设计，通过具体的约束指标和引导指标构建了未来社区模型，是新兴智能化技术的应用载体和展示平台，也是对城市更新和数字赋能基层治理的具体实践。未来社区的建设是扎实推进"八八战略"和悉力建设"重要窗口"的内在要求，是浙江省"两个高水平"建设的动力源泉，为加速推进数字经济发展提供重要的支撑，是开创浙江省多位一体化高质量发展新格局的重要举措，也是浙江省努力建设现代化城市和新时代全面展示中国特色社会主义制度优越性的关键途径。

　　从信息化、数字化到智能化，浙江省未来社区历经三年的探索实践，综合利用数字化技术、数字化思维、数字化认知进行未来社区数字化建设

的理念已经深入人心，涌现出多种数字化创新发展模式和典型案例，目前
数字化建设走出"混沌"，进入"有序"，并逐步成为必然。这些必然包
括如何通过数字化更好地服务人民群众生活，真正让数字化群众可感可知、
管用好用实用；如何通过数字化促进基层社区创新治理模式升级，真正实
现社区治理能力的现代化；如何借助数字化推动未来社区建设运营模式升
级，真正走出一条市场化、可持续的未来社区建设运营之路。本章在总结
传统社区发展问题的基础上，分别举例说明九大场景的数字化改造和赋能
举措，创造性地发展了推动生活质量变革、治理效率变革和迭代动力变革
的九大社区数字化建设模式，并提出三大浙江省数字赋能未来社区建设的
核心特征，最终建立起浙江未来社区数字化建设探索体系（见图4-1）。

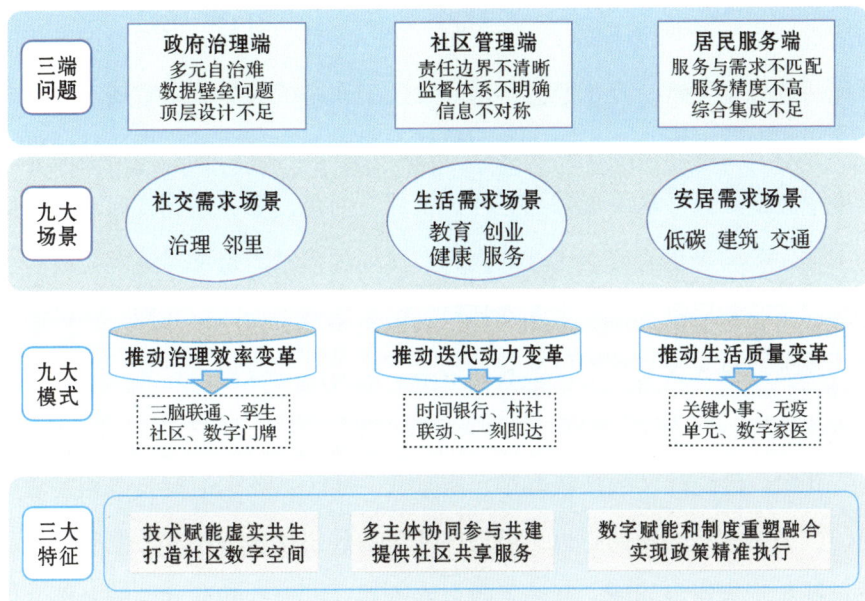

图4-1　浙江未来社区数字化建设探索体系

第一节 从三端问题出发

多年以来，浙江传统基层社区的建设和发展存在诸多问题和突出矛盾，主要表现在以下三个方面。

一、政府治理端

首先，浙江传统基层社区多元主体力量不均。从模式构架的建立来看，以往社区治理处于政府主导的初级阶段，政府对社区干预较为直接，对社区进行自上而下的管理，还不能很好体现社区民主自治，社区建设中的行政力量较强，距离"党委领导、政府负责、社会协同、公众参与、法治保障"社会治理体制的建立还有不小差距。这也造成了目前城市社区居民真正参与到社区治理的热情不够，动力不足，在一项针对杭州、宁波等城市传统社区的调查中发现，真正愿意参与到社区工作中的人员大多数属于退休老人，而有着丰富技能的年轻人往往对社区治理关注度不够，整体的居民参与度也较低，对社区发展规划、社区精神文明建设等关系到社区治理全局的工作，参与者更是寥寥无几。同时，市场的供给力量相对薄弱，政府、市场、企业和居民等多元主体在社区中尚未达到平衡。一方面，社区的更新改善需要投入大量资金，给政府带来了巨大的财政压力；另一方面，市场主体参与不足导致了市场主体供给侧和社区需求侧之间缺乏精准对接。

其次，传统社区数据获取难、质量低。社区是数据汇聚及与相关政府部门数据共享和交换的中枢，但传统社区的数字化进程存在数据获取难、质量低和不流通等问题，制约了数据渗透性、汇聚性和联动性的发挥，形成了基层部门之间的数据壁垒和沟通障碍，"信息孤岛"问题明显。当前数字化改革的重要目标是实现"152"与"141"体系衔接贯通，以数字化为基层赋能、减负、提效，因此，解决数据壁垒问题是实现这个重要目标的基础。

最后，社区治理端缺少一定的顶层设计工作。预估、计划、引导均是面向未来开展治理规划的方法和策略。若在面向未来层面的规划性建设不足，则可能在将来面临需求与服务之间的脱钩，从而造成社区治理落后的问题。社区内的治理活动，服务与需求的供给之间，需要一定的超前预测的考虑，以适应在不久的将来，让社区的活力依然能够满足居民的需求。

在党建引领基层治理提升的政策指引下，应当对基层社区进行大量翔实的走访调查，以解决社区工作难点、痛点、堵点为切入点，通过信息化、智慧化的手段将社区问题"标签化"筛选、上报，将各类数据接入数字化平台，精准描绘居民数字肖像，结合各个社区实际工作情况和经验，建立社区监管、居民互动、社会监督三位一体的智慧管理体系，给基层工作插上"数字化翅膀"。认真开展社区层面的治理现代化工作，基层减负增效是其中重要内容。"标签化""精细化"作为基层减负的"亮点"，将不断扩展应用到更多的应用场景中，在做到社区工作底数清、情况明的同时，让社区做到"心中有数"，让工作人员做到"手中有方"，让管理做到"有迹可循"，让基层工作者享受到数字化带来的便捷、准确、安全、高效，让我们的城市"更聪明一些、更智慧一些"。

二、社区管理端

在传统社区的发展过程中，除治理问题外，社区管理端也存在多种问题。

首先，多元主体责任边界不够清晰。社区是一个社会综合体、生活共同体、有机生命体，运营管理涉及多个主体的方方面面。社区综合运营要平衡多主体利益，应构建统筹协调机制，明确各方参与的边界。很多社区都探索了多方参与的路径，但全过程环节每个主体的参与职责边界不够清晰，社区管理、物业公司、业委会和居委会存在"三张皮"的问题，如政府公共服务和企业经营服务边界不清，经营性项目中有部分属于公共服务设施，应由政府购买公共服务，但成本均由企业承担；居民在社区管理过程中也面临着参与度较低、话语权较少、参与途径与渠道缺失等问题。

其次，在社区管理端，物业服务企业缺少制衡与约束。在对某物业集团的相关访谈中作者了解到，目前浙江大多数物业服务企业一般在自律与监督两套体系下进行社区事务管理，自律主要源自企业的社会价值观及其商业价值建设需要，监督体系主要包括法律责任的监督、市场管理的监督、专业责任的监督、履约责任的监督。这些监督分别来自相应的法律体系、市场监管单位、住建（房管）职能部门、业主委员会。自律层面的约束，不同的物业企业有不同的自律体系及执行程度，但缺少外部力量的干预。监督层面的约束，例如法律体系、市场监管等政府力量，主要以守住物业服务企业的基本底线为主，无法保障更为细致以及专业的约束体系。而住建房管、业委会的约束，其具有更为细节和专业的约束责任，但因为缺少有效的工具体系支撑，以及人力缺口，出现有心无力的局面。综上所述，物业服务企业很容易因缺乏有力的约束与制衡体系而出现一家独大、垄断社区事务的情况。

最后，传统社区也存在信息不对称的问题。信息的完整性与体系性，对于人的认知构成起到了重要的作用，在传统社区中，居民群体对各类事物的认知往往是不成体系和片面的。其中主要是信息不对称，以及专业知识藩篱造成的认知偏差，这类偏差最终体现在多个矛盾体中，形成了信息不对称的现象，站在居民角度来看，分为被动不对称和主动不对称。被动不对称指信息的获取渠道不标准、不透明、不简化所造成的不对称，主动不对称指居民因主观意识上的不关心，或个人时间不足等原因造成的不对称。在这样的情况下，居民因缺少沟通渠道，选择直接与基层管理人员进行沟通，社区管理端无法提供如此多的人员和成本来承担此项工作；另一方面，因缺少沟通渠道，基层与社区很难了解民意，民众也更容易对社区管理端产生误解，这给社区管理增加了相应的成本和难度。

通过数字化手段，社区管理端应当进行信息资源的整合以及各政府职能部门、社区基层管理机构、社区居民之间的信息沟通渠道的搭建。从而使社会化信息提供者、社区的管理者与住户之间可以实时地进行各种形式的信息交互，解决信息不对称的问题。同时，随着现代互联网技术的不断发展及表现方式的多样化，可以集成数字化物业服务的物业公司网站，为企业提供全方位的品牌、发展历程、管理小区、服务流程等方面的介绍与展示；同时，提供新闻发布与展示系统，第一时间对外传达企业管理资讯；此外，还有动态交互功能，如在线调查、问题反馈、在线投诉 / 报修 / 咨询 / 建议等，让小区居民与物业管理全面动起来，并形成访问黏性。

三、居民服务端

服务本身属于供给行为，供给源于需求。在不同社区中，其内部自身的现状，居民的需求层级各有不同，不同的需求层级与现状矛盾，决定了居民对于需求的旺盛程度。同时，服务与需求，还存在个体性需求与群体性决策之间的矛盾点。

首先，在居民服务端，传统社区未能综合集成居民服务。社区服务设施供给端和需求端普遍存在碎片化问题，个别社区虽然实现了不同业态融合，但多主体服务的综合集成还未实现。从供给端看，导入了公共办事大厅、非遗展示等公共服务，但总体以开发商资源供给为主，场景与社区外部资源联动不够，政府部门提供的社会服务尚未整合；从需求端看，居民全生命周期需求尚未有效解决，高频便民服务还需增强。

其次，传统社区无法良好整合社区服务的多元化目的。社区在提供服务时有满足社区居民的服务需求的目的，也有扩大社区贫弱群体的就业机会的目的，还有改善基层民政工作的经济困境的目的，但由于社区职能分工不明确和社区服务队伍的专业素质不高等问题，多元化的服务目的未能很好地进行整合，仍存在理解上的混乱和操作上的困难，这使得社区服务的职能共同体难以成立、社区服务的共同价值观也难以形成。例如，杭州部分老旧小区存在公共配套长期欠账、数字化基础设施服务水平相对滞后的问题，难以满足社区居民日益增长的美好生活需要。同时，随着城镇化的不断发展和老龄化的日益加剧，老年人对社区服务的需求将在数量上和质量上不断提高，新的服务对象和服务需求也在不断涌现，如对外来流动人口的服务较为缺乏，人们对上门服务、咨询服务的需求更多，等等，社区服务的内容和方式要根据居民的需求不断调整。以往在缺少科技产业化支持的情况下，很多高精度的服务供给难以实现，原因是单一服务背后的边际成本过高。

随着社会分工体系的不断精细化，社会服务数字化的深入，各类服务应用数字化的深入，政府服务数字化的深入，为更加精准、有效、提质的社区服务提供了可能性。因此，基于社区居民的各类需求迫切程度，聚焦"一老一小"等群众急难愁盼问题，社区服务端应当积极发挥数字化的赋能作用，在公共服务空间打造等方面进行提升，同时发展一批特色化应用，激活优质数字资源，以多应用场景的构建，破解传统社区公共服务资源配置不均衡、不合理的难题。

第二节　从九大场景着手

未来社区九大场景可以分为软场景和硬场景两大类，其中软场景又可以根据社交需求和生活需求分为两类，在社交需求下，邻里场景关注人与人之间的关系、治理场景关注人与政府之间的关系；在生活需求下，教育场景关注儿童、创业场景关注青年人群、健康场景着力于老年人、服务场景则针对全年龄段；硬场景主要关注居民的安居需求，即建筑、交通和低碳场景（见图 4-2）。针对上述传统社区所存在的各类问题，以满足社区居民数字社会美好生活需要为牵引，浙江省通过数字化赋能，构建集成多个领域的面向现代化的社区服务数字化场景，以全面提升治理效率，精准匹配社区居民需求以实现治理和服务的迭代与升级，为社区的发展增添了强大动力，遵循"一中心三化九场景"的创新型顶层设计，以社区智慧服务平台为数字底座，全方位统筹社区管理和服务，一一对应解决传统社区的发展问题。未来社区九大场景的建设需要结合各个社区的现有资源、人员特质、文化氛围和管理模式等因地制宜地进行，本书遴选了各个场景中数字化应用建设和改造较为突出的若干社区分别进行举例说明，构建起浙江省未来社区九大场景数字化赋能范例集。

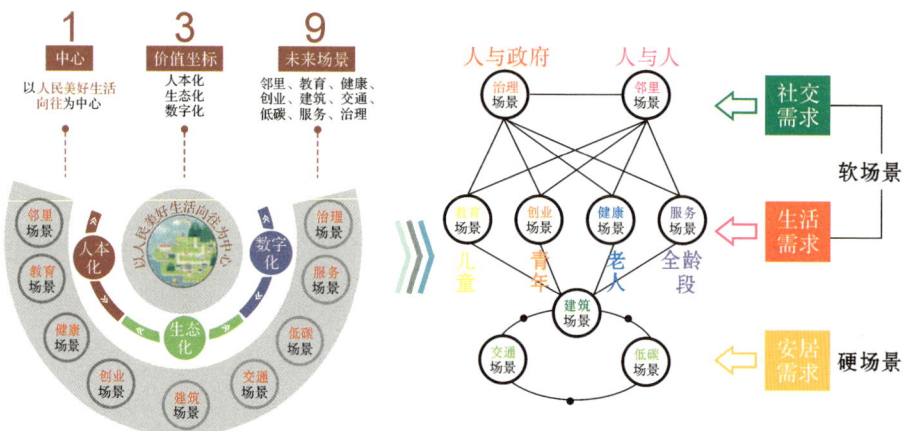

图4-2   未来社区九大场景结构

一、未来邻里场景

古有置业以德为邻，昔日四合院内温馨感人的邻里之情，弄堂里透着人情味的邻里关系，无不反映出邻里在人们日常生活中所扮演的重要角色。随着城市群的不断推进，城市住房条件日益改善，公共空间与私人领域已经划分得日益明晰，生活在城市的人们不得不屈服在钢筋水泥的包裹之下，邻里几乎成了"最熟悉的陌生人"。未来社区建设以人为核心，满足社区全人群对美好生活的向往，重点之一是改变邻里关系越来越冷漠、相见不相识的状况，对于大多数人来说，优质的邻里关系直接影响居住品质。很多人的内心深处都希望有一个好邻居，能让居住环境更加融洽。所以，邻里关系应该从单纯的居住空间进一步延伸，与人文实现更好的融合。

社区需要属于自己的社区文化，居民开始注重"圈子"和"有氧"生活。数字赋能未来邻里场景的路径一是通过重塑整体空间印象，使得未来社区居民可享受社区开放的公共空间。空闲时，和兴趣相投的邻居一起品品茶，聊一聊近期热点。早上相约晨跑，晚饭后带上孩子与邻居的孩子一起前往书吧看书。无论是生活还是工作中，在你需要帮助的时候邻居家都能帮助到你。例如和睦社区通过充分利用和睦礼堂、养老街区等现有空间，改造提升和睦公园、党群服务中心等场所，腾挪空间打造一站式邻里中心，建立线上服务平台、社区线上交流空间，为居民提供更加开放充足的活动与交往空间，促进居民互助共享，构建"更便捷服务、更多元文化、更开放共享"的邻里场景。

二是邻里人文内核，塑造邻里公约共识，建立邻里精神标识，促进邻里文化再生，共同打造邻里精神共同体。良渚文化村社区深耕社区营造，以邻里文化引导居民积极参与。在未来社区以人民美好生活向往为中心的主旨下，良渚文化村秉持和谐共生的原则，重构当代社区邻里关系。经过漫长培育，一个健康、良性、可持续运营的社区文化营造机制，已经逐渐在良渚文化村形成。首先是活化邻里关系。初期，良渚文化村优越的自然环境和理想情怀吸引了社会阶层相同与价值观接近的第一批常住居民，以社区 KOL（意见领袖）为核心形成了"抱团取暖"式的生活互助模式与情感联结，自发组织起"村集"等社区活动与志愿者服务。其次是全体居民构建价值认同。2011 年，经 3931 户居民共创，文化村形成了中国第一份"村民公约"并延续至今，人人自律，日行成风。随后，村民公约办公室应时而生，保障公约的执行，并围绕公约开展更多活动，文化村迅速发展成为"熟人社区"。再次是"社区村民"系列品牌诞生。以基层社区治理为根本，社区居委会联合物业、村民以"社区村民"为源，村民学堂、村晚、村民日等大量"村"系列的服务配套与社群活动陆续形成，丰富多彩的社区活动维系着邻里交往，也带来了居民对文化村的归属感。最后是健康、良性、可持续运营的协商机制。社区公益基金会、万科同心圆公益、大屋顶文化等多元主体参与到社区发展中，居民的主人翁意识日益强烈，整体形成了具有人文关怀的社区文化和日趋成熟的协商机制。

三是邻里交互路径，建立邻里一站式综合服务体系与运营平台，建立"人人贡献"积分机制，每位社区居民对社区的贡献均按积分机制规则换算成积分，供换取服务。翠苑一区社区用积分加减体系和"呼应为"（即"呼"的更方便、"应"的更快速、"为"的更扎实的服务理念）党群服务联盟支撑社区积分加减一张图建设。"加分机制"，指社区居民通过参加党支部活动、社区活动、志愿活动、邻里互助、垃圾分类等可获取相应积分。居民通过平台发布需要帮助的事项，其他居民根据自身情况点击参加，助力结束后发布人根据完成情况进行感谢，将积分从自身账户转给邻居。"减分机制"，指当发生堵塞消防通道、楼道堆物、损坏公共设施等行为时，会扣除相应积分。比如堵塞一次消防通道，可以通过监控探头自动识别车牌号，后台关联对应住户信息自动提醒并一次性扣除5分，经提醒拒不配合加倍扣分。"兑换机制"，则依托党建联盟单位线下助力，根据自身实际提供物品或服务作为积分兑换奖励，绘就党建工作最大同心圆。例如可通过扫居民端个人专有二维码的方式，在老年食堂内兑换由党建联盟单位提供的水果、饮料、粮油等物品，或者直接兑换"十五分钟生活圈"内已有的家电维修、老人理发等服务。

未来对邻里一站式综合服务平台的探索，也将是未来社区迈向数字化运营的重要路径。目前"数字化社区""数字化智慧生活""APP服务平台""社区信息网络"等概念已初见雏形，运用 IOT 设备采集社区数据、整合社区资源、建立社区居民画像等各种信息技术和手段也已初步成熟。随着互联网技术的不断发展及表现方式的多样性，未来社区开发商、政府、社区管理者与社区居民之间可实现实时信息交互。以常见的社区运营平台为例，社区运营平台主要的功能是使社会化信息提供者、社区管理者与住户之间可以实时进行各种形式的信息交互，从而实现社区智慧化管理，居民智慧化生活。目前，社区运营平台比较成熟的功能包括无纸化账单、在线支付、网上常规物业服务、社区相关信息推送、在线投诉及报修等。社区居民可登录家庭网站即时查看、查询当月费用及缴费情况，使用账单导出、财务统计分析等功能并完成线上支付，免受线下缴费排队之苦。物业可通过数字化社区门户网站，及时发布各类物业管理信息，并推送至小区居民的手机与邮箱，达成社区信息、物业信息零延迟百分百传达。社区门户网站子系统向物业企业、下属社区，甚至每一个居民家庭、小区商家提供集成各类型物业服务功能的交互式网站，让物业管理人员、小区居民、小区商家充分活跃起来。而邻里帮、寻常生活等物业管理类 APP 为社区居民提供了一个集成式邻里交流平台与智能门禁、物业缴费、社区公告等诸多实用的小程序。

　　例如余杭区葛巷社区就构建起了具有辨识度的社区云上文化家园。根据浙江省委宣传部统一部署，葛巷社区"家头条""邻里帮""文 e 家"应用已上架社区智慧服务平台。首先，通过数字资源整合，凝聚研发合力。在"家头条"场景中，充分用好"看余杭"APP 现有功能，实现区、街道、社区三级新闻资讯的重点推送，实现入学早知道、智慧旅游导览等服务功能整体迁移。在"邻里帮"场景中，积极与志愿浙江团队对接，更精准打造邻里之间需求与服务精准对接的互助式志愿服务。在"文E家"场景中，集成现有区文化馆数字资源，实现舞蹈、音乐、曲艺等艺术指导视频上架，满足"线上点单"。其次，进行线下资源整合，实现线上同频。家记忆、家有礼、家故事、家地图等板块，通过挖掘社区现有文化家园、社区档案等线下资源，将社区历史文化、文明创建、文化活动等信息复刻到线上平台，实现短时间内的资源上线、上屏、上指尖。如近期举办的"青年创客汇 亲子体验行"未来科技城医院大医生体验活动、"青苗晨跑"、爱心图书捐赠等活动，居民可实现线上一键报名参与，2021年已累计开展线上线下活动45次。三是创新文化内涵，构建云上邻里。以"梦巷未来 多智多彩"主题，依托未来社区智慧服务平台，逐步推进未来社区多平台融合用户积分体系，推出"葛粉"用户品牌创意，进一步凝聚思想活力，展现未来社区独特文化内涵；探索未来社区"多物业＋多社会组织"联合体运营模式，强化线上活跃度、线下满意度导向，打造梦想中的云上邻里中心。

二、未来教育场景

随着社会经济的不断发展，人才的培养方式越来越多样化，不再局限于学校教育，社区教育作为一种新兴的教育模式也广受社会各界的关注。社区教育即在社区中，开发、利用各种教育资源，以社区全体成员为对象，开展旨在提高成员的素质和生活质量，促进成员的全面发展和社区可持续发展的教育活动。作为未来社区的"九大场景"之一，未来社区教育场景对于提高人口与家庭的基本文化素质发挥着不可或缺的作用。

浙江省教育厅与浙江省发改委印发的《关于高质量营造未来社区教育场景的实施意见》指出，未来社区教育场景的建设一是要坚持以人为本、需求导向。以学习者为中心，营造未来社区教育场景，将提升社区居民的获得感作为核心要义，设计、优化教育场景，推动居民个人提升与社区整体发展相适应，为不同学习层次的居民和不同形态的组织提供个性化教育服务。例如和睦社区通过打造开放共享的学习空间，建立数字化学习平台实现学习资源共享，结合托育中心、和睦幼儿园、和睦小学、启航中学、老年大学、和睦书阁等教育场所，满足全龄段、全方位教育需求，构建"覆盖全龄、惠及全民、链接全景"的教育场景。临平区以满足群众需要为本，着力激发全民参与社区教育活动热情，促进社区居民的全面发展和进步，推出"全龄 + 双减"未来社区教育场景，依托托育点、中小学幼儿园第二课堂、自然教室、24 小时书房等空间载体，突出全生命周期学习型未来社区，打造"自然教育"特色课堂、24H 杭州书房服务等特色服务，除此之外，还积极搭建"云课堂"共享学习平台，按照"一键达"要求，在未来社区小程序运用中设置教育模块，内容涵盖亲子学堂、微学堂、杭学通、托育、入学早知道、资料共享等，为社区居民提供便利、高效、共享的教育网络公共服务。

二是要促进实现社区教育与学校教育的资源共享，满足美好教育的需求，实现社区与学校教育资源的互补。荷花塘未来社区以前瞻性和远见性携手采荷二小，精心打造未来教育特色场景，实现"学校在社区中，社区在学校中"的未来教育新形态，拓展学校教育的新功能，提供若干教育服务，如四点半教育服务、托管服务、幼小教育服务、全龄教育服务等，在学校力所能及的范围内建设"幸福学堂"教育资源集成与服务中心，探索家校社协同共育的可持续发展实践之路，实现符合未来教育发展的全民学习、终身学习、混龄学习，为未来社区建设提供校社融通的新范本。

　　三是要坚持机制创新、多元参与。通过政策引导和制度设计，鼓励社会力量参与未来社区教育场景的建设与运营，充分调动市场主体和社会组织积极性，实现政府引导、市场运作与居民自治有效结合，为营造未来社区教育场景创设有利条件，推动教育场景多样化、个性化、特色化发展，良渚文化村社区统筹协调良渚文化艺术中心、安吉路良渚实验学校、良渚教育营地、万物云（万科物业）等各方资源、利益和诉求形成有效的反馈机制和决策机制。和睦社区建立起"阳光小伢儿"婴幼儿托育全国试点，该项目被中国计生协会列入"中国计生协婴幼儿照护服务示范创建项目拱墅实施点"，社区探索性地引入市场机制，与专业的第三方机构合作，明确"社区普惠＋市场运作"模式，确保让辖区居民"托得起、托得放心"。

　　四是要坚持数智驱动、技术赋能。利用 5G、大数据、人工智能、物联网、虚拟现实等数字技术，赋能未来社区教育场景，推进各类学习空间智能化管理，建立线上与线下联通、现实与数字孪生的泛在社区学习空间。余东未来乡村利用文化课程资源优势、生态环境优势、教学情境和实践空间优势，对零散化的传统乡村艺术资源进行挖掘提炼、归集融通，通过技术赋能打造 AI 教学助手，建成了一个区域共享、虚实结合、纵横联动的"乡村艺术网络学院"，探索出一条城乡一体、优质均衡，教学相长、因材施教，线上线下、自主个性，知行合一、全面发展的未来教育之路，赋能乡村振兴，助力共同富裕。

　　柯桥区教体局利用线上空中课堂教育平台，实现名师金课、名师网络课堂等"云上"优质教育资源共享，社区群众不仅可以享受编程、物联网、人工智能等 20 多门非学科类课程，还有面向成年人的"智能家居规划和使用"等 6 门定制化课程。线下，周学东省级名师工作室入驻大渡社区，搭建"数字小社员"和"PBL智创空间"两个特色应用，制定线下授课计划表，受到社区学生的欢迎。

三、未来健康场景

未来社区应该承担更多的公共卫生服务，建立居民健康大数据平台，为居民提供分级诊疗和系列健康服务。根据《浙江省未来社区建设试点工作方案》(浙政发〔2019〕8号)有关"未来健康场景"的描述，未来社区将面向全人群与全生命周期，构建"全民康养"未来健康场景，解决社区医疗"看得起"但"看不好"，养老设施与服务缺失，健康多元化需求难以满足等痛点。未来社区致力于促进基本健康服务全覆盖，围绕实现全民康养目标，建立全生命周期健康电子档案系统，完善家庭医生签约服务机制。推广可穿戴设备等智能终端应用，探索社区健康管理线上到线下模式，促进健康大数据互联共享。创新社区健身服务模式，科学配置智能健身绿道、共享健身仓、虚拟健身设备等运动设施。加强社区保健管理，普及营养膳食、保健理疗等养生知识。促进居家养老助残服务全覆盖，创新多元化适老住宅、居家养老服务中心、日间照料中心、嵌入式养老机构、老年之家等场所配置，支持"互联网+护理服务"等模式应用。和睦社区老龄化程度高，结合现有的社区养老街区、全日医康护理中心、和睦医院等物理空间，建成1万多平方米的养老服务综合街区，打造出"没有围墙的养老院"，5分钟生活圈，实现了家门口养老，受到老百姓的交口称赞。通过引进数字化医疗技术、适老化智能终端应用等先进技术，软件上打造了"阳光好管家、阳光好小二、阳光好帮手、阳光好大夫"四支队伍，全面覆盖医养护、文教娱、吃住行等各项服务，同时发展出了云看护、云监督等养老看护系统，同时利用智慧水电表进行居家养老安全预警，另有 AI 预警摄像头可监控老人行为，进行摔倒预警，实现智慧养老、智能生活新模式。针对不会使用信息化产品的老年人及特殊人群，设置一键呼叫功能，方便特殊人群跨越数字鸿沟，享受更加便捷的现代化生活，满足社区居民特别是老年人医疗救援、养老服务等需求，形成闭环一站式健康养老圈，构建"人群适宜、养老闭环、医疗智慧"的健康场景。构建名医名院零距离服务机制，探索城市医院与社区医院合作合营，通过远程诊疗、人工智能诊断等方式，促进优质医疗资源普惠共享。

九大场景中，未来健康场景是老百姓较为关切的场景之一。健康管理的目标是改善居民的健康状况，因此客观、科学地衡量和评估个体健康对主、客观健康数据的采集至关重要。不管是通过 GPS、运动传感器、生物识别装置等，还是手动输入状态更新，只有全面、充分、持续地导入个体数据，经过预设的公式、算法进行分析，并结合人工介入，个性化服务才会成为可能，健康管理方能落地。因此，越是聚焦个体进行量化、跟踪和改进，健康管理的颗粒感就越小，整个健康管理的画面就越清晰。健康管理的最终目标，就是以覆盖最小个体单元为目标，提供具有前瞻性、精准度的建议和服务。例如吉鸿社区提供健康小屋服务，居民可以测量血压、血糖、心率等项目，第一时间查看自己的健康报告，同时设备会自动将测量的数据上传至签约医生后台，便于医生收到异常数据后及时联系居民。三墩镇中西医结合医院专门为吉鸿居民提供在线视频问诊服务，老百姓打开电视机，进入华数频道，拿起遥控器找到"一键找医生"，医生通过视频了解居民健康情况，并就居民所述的症状进行细致的分析指导，简单便捷的问诊在家中得以实现。

除了身体方面，未来社区同样要关注居民的心理健康和社会适应情况。每个人在不同的成长阶段，心理健康常见问题也有所不同。儿童阶段的心理发展，青少年阶段的健康人格形成，中青年阶段如何把握社会角色、合理平衡生活，老年阶段如何正确面对衰老等，都需要得到有效的解决。近年来，研究通过科技改善民众心理健康的项目越来越多：基于互联网和智能手机的移动心理干预、传感装备结合大数据提供心理健康预警、身心健康智能管家等"黑科技"逐一问世。

未来社区的小区医疗也势必要承接更多的基层诊疗，具备很大的成长性，必须建成以小区医疗为核心的基层医疗体系。医保衔接不力、双向转诊机制不流畅、人才结构等因素导致的服务能力不足是目前社区医疗的主要痛点。社区医疗需要一系列的体制、机制创新。小区诊所民营化、连锁化是关键的第一步。连锁小区诊所是民营小区医疗的先行者，小区医疗民营化是基层医疗社会化的直接落地。小区医疗超过 20% 的民营化率给连锁化提供了成长的土壤，由于规模效应和精细化管理，连锁小区诊所服务能力和盈利能力将大幅提升，预计平均每家诊所年收入达到 1000 万，净利率将有望从不到 5% 提高至 10%—15%。在连锁化的基础上，小区医疗可以进一步平台化，实现模式创新。连锁小区诊所、连锁康复 / 口腔等诊所、药品流通公司、医疗信息公司、健康管理公司都可以在这个平台上运营。

四、未来创业场景

数字时代下，随着就业与生活不断融合的趋势，城市创新创业已逐渐从园区延伸至社区，在"大众创业、万众创新"为导向的城市创新创业发展要求下，以社区组织单元为主体的未来创业发展新格局亟待开启。未来创业场景作为浙江省未来社区"九大场景"的重要组成部分，顺应了人民生活与就业融合新趋势，未来全民创业、万众创新的大趋势，依托空间资源共享、精细化创业服务和多层次多种类的引进人才，实现"大众创新、万众创业"双创行动在基层社区的延伸和发展，实现创业与社区生活融合无界限。

当前，不少社区围绕居民创业需求，开展各种各样的社区创业孵化服务实践和双创产业发展实践，配建人才公寓和办公空间，社区创业工作取得一定成效，但离人民群众"创有所住""创有优居"的实际需求还有一定差距，结合居民调研，社区创业工作主要存在智能设施配置和数字化共享不到位、居家人群就业需求得不到满足和创业服务内容不全面等问题。针对以上创业痛点，未来社区要坚持以人为本，需求导向，统筹市场资源和社区资源，发挥数字赋能作用重点围绕共享办公、创业在线服务、未来工坊等内容进行未来社区场景设计。

首先，是打造共享创业场景。面向社区的独立工位、会议室、工作室等办公区域，加强高速宽带网络、全方位 WI-FI、智能门禁等智能基础设施的配置，借助社区智慧服务平台，开展共享办公的数字化场景，提供时租、日租、月租等多种选项的出租办公服务；提供办公空间预定、账单支付等数字化预定和结算功能；提供门禁管理、网络连接等智能管理功能，解决创业人群"在哪办公""交朋友""找合作者"的三大基本问题。例如吉鸿创业场景的打造，让创业者留在吉鸿、让乡贤反哺家乡，重点推出三大举措：一是制定"鸿雁"计划，通过股民代表大会，对全日制毕业的本科生、研究生、博士生分别奖励3万、6万、9万，激发吉鸿学子创业热情，怀抱"鸿鹄志"、争当"领头雁"；二是落实双创空间配套，社区从留用地项目——

紫金生活广场拿出 1000 平方米的办公场地，免费提供鸿雁创业空间。三是加大税收奖励，三墩镇将落地企业镇本级的纳税，奖励给吉鸿股份经济合作社，形成良性循环。现在，吉鸿也有不少在外创业的人员，通过创业场景的打造、政策设施的配套、未来社区的温情，把在外创业的老百姓引回来，带动吉鸿发展。鸿雁安归，共同富裕，共享未来。和睦社区还通过打造双创中心、创客学院等物理空间，拓展共享创业空间，实现人才、企业线上快捷服务，构建"居住无忧、产业多样、机制健全"的创业场景。冠山社区的双创空间面积达 500 平方米，整合周边资源，提供创业服务，居民可通过线上预约、刷脸进入、共享办公实现按需使用、全时创业。

其次，是创业在线服务场景。未来工坊以社区为主体打造分布式用工节点，通过结合社区人员的能力标签化，工业制造企业的用工任务标签化，工业制造企业的生产流程中适宜手工兼职消化的工作内容或来料加工，通过社区任务分发节点精准配送至社区劳动力，在降低企业用工成本、用工风险的同时，有效提升社区富余劳动力的收入水平。社区节点承担任务分发、记账、流程监督等职责。企业主支付相关平台服务费和人工费。吉鸿社区的在线创业系统支持创业居民通过"我要创业"模块进行双创空间政策申请，获取免费工位、注册代办等服务；支持创业企业通过"我要人才"模块获取三墩本地人才信息，将求职者专业技能与就业信息相匹配，进一步提升就业率；支持择业居民通过"我要就业"模块发布求职信息，获取三墩企业信息智能匹配，实现就业岗位精准对接。

最后，是打造未来工坊，根据创业全流程，围绕创业资金、资讯、服务等打造一站式创业在线服务，其中资金方面成立"社区银行"，为社区草根创业者和融资需求较大的创业项目，提供不同的筹融资途径，实现创业的"绿色通道"。资讯方面提供政策指导及专业培训、人才引进政策等信息推送，提供政策宣传和精准推送。服务方面设置综合服务线上窗口，提供创业者发布需求、第三方提供服务、创业者服务评价、寻找合作方以及市场资源等功能，同时与市县级就业服务中心对接，形成数据、信息、服务有效衔接，营造公平就业的创业环境。径山村为吸引"新乡人"与"返乡人"在村内创业就业，与候马传媒共同组建创立了径山融创空间，致力于线上的互联网传播，以多维层次助力推进径山村乡村振兴的脚步。借助这个优质平台，径山村实现人才引进，也将传承自千年前的茶道文化弘扬发展，负责人小白和团队伙伴深挖径山村的历史文化和非遗内涵，打造了包括"浙江村书记科普日本茶道源于径山""沉浸式体验杭州径山村非遗文化""杭州手艺人在茶上作画迎亚运"在内的多个热点话题，多次登上微博热搜，并先后举办了径山村反诈超市等一系列宣传活动，向大众展示共同富裕下的农村新风貌，引起了近9000万人次对径山村的关注，将径山村推到更多人的视野中，向着"让世界看见径山"的目标逐步迈进。

五、未来建筑场景

在九大场景中，建筑场景作为其他场景的"容器"，是基础的物质空间与外在表现，作为城市基本单元的社区必须纳入人文关怀、智慧性、低碳环保和共享等理念，进而使未来建筑场景能够满足人们在生活、工作等方面的需求。

为了实现"三化"理念在空间上的落实，创造一个"人文与效率交融，共享与智慧兼备"的社区实体空间，考虑采用五个步骤的系统设计思路：一是响应"人本化"新需求，配置空间模块。以人的需求为出发点，梳理邻里、健康、教育、服务、治理等"软场景"的空间需求清单。二是推广"生态化"新技术，梳理建造技术。以绿色可持续为前提，梳理低碳、交通、建筑等"硬场景"的技术应用清单。三是应用"数字化"新手段，链接场景功能。以数字孪生社区的技术手段为依托，实现各场景"线上线下"功能模块的串联。四是实施"运营导向"新模式，优化开发容量。以建设期和运营期基本实现资金平衡为前提，合理设定容积率等规划指标。五是建设"共享复合"新空间，集成场景实体。以场地条件与地域特色为基础，充分考虑"社区共享经济"的特点，集约化组织与集成社区的各类空间。例如衢州礼贤社区通过沉浸式的场景设计来支撑建筑设计、城市设计。社区采取空间叠合的社区规划设计，将社区底板整体抬高，形成盖上盖下的社区空间。盖下置入 Mini-TOD 系统，包含多种场景和功能，盖上打造步行为主的社区生活空间，包含住宅、屋顶花园、邻里空间等功能。盖上首层是一个平行于地面车行系统之上的地景花园，在花园之上各社区组团采用低尺度、密路网、小街巷的组合方式，通过高低搭配、错落有致的建筑布局形成宜人的街巷空间，结合生活化的邻里场景呈现出绿意连绵的桃源生活画卷。盖下层为以公共交通为导向的 TOD 模式，除结合邻里中心设置 TOD 公交首末站外，还通过各公交站点附近植入邻里、健康、创业、教育、服务等场景，建立一个功能完善的 Mini-TOD 系统，串联起礼贤未来社区中的九大场景。项目地下一层为社区停车场，通过一层的出入口与社区交通场景连接，从而为业主的生活提供更多便捷。

除礼贤社区之外，杭州始板桥社区也通过打造多通道、超时空交通场景，构建高度符合、高度舒适、高度体验的"产城融合体"。首先是地下空间的高强度开发，通过四条地铁线的串联形成区域交通贯穿主轴，保障社区周边交通的有效联通，其次是构建互联互通的"TOD+"多功能复合城市组团开发模式，实现未来社区与杭港高端服务业示范区的有效联通，再次是将道路系统设计成"小街区、密路网"的形式，有效增加界限空间、缩减邻里间距、引导人车分流，同时构建"快乘慢行"系统，城市公交线、地铁线、出租车、共享单车、人行步道等多维度交通集散，构建起属于始板桥社区的"立体单元"。台州黄岩东浦社区单元建筑设计延续总体规划概念，打造"悬浮之城"，通过引入主题架空层＋多维绿化的设计概念，创造生态悬浮城市体系，提倡多元共享，创造有烟火气的交往空间。

　　未来建筑社区场景的标志之一即"数字智能化"。该项需求在未来建筑场景建设中排名第一，主要原因在于当前我国城市社区普遍重视房地产而轻人文，邻里关系淡漠，缺少文化交流载体平台。此外，优质教育资源仅仅覆盖少数人群，加之社区医疗服务、养老设施缺失，共同导致现代城市生活出现了诸多矛盾。基于此，未来社区建筑场景建设的核心理念实质上只有一个——基于"GIS（全球地理信息系统）+BIM（建筑信息模型）+IOT（物联网）"的数字化 CIM 平台，全面提高各项有限资源的利用率，提高城市居民的安全感和幸福指数。以社区交通及物流配送为例，在很多人的认知中，社区内的交通似乎就是"走两分钟的事"，但实际上，如碧桂园、万科等大型房地产开发企业近年来正在推行"大社区"理念，即一个社区内的高层民用建筑数量动辄达到数百栋，如果片面实行人车分流管理制度，却禁止共享单车、私人自行车及电动车等进入社区，则居住于该类社区中的居民不仅不会享受到现代城市交通的便利性，每日仅应用于社区内的通勤时间甚至可能超过"外部通勤"时间。因此，应重视社区内所用相关数据的收集，将 GIS（全球地理信息系统）、BIM（建筑信息模型）、

IOT（物联网）结合运用，创造出一体化的 CIM 数字智能化社区管理平台，进而综合考虑社区内的交通事项，使社区管理更加人性化。

当未来社区中纳入诸多新理念和新功能之后，为了实现协调控制，使城市居民真正享受到城市发展带来的便利性，必须依靠前文提到的 CIM 数字化智能平台，采用"模块化设计""装配式建造""数字化管理"三位一体方式开展社区建设。重点在建筑产品上，推广立体绿化、装配式建筑与内装一体化、零碳技术等多种技术创新的集成。该平台的主要作用在于对社区的所有信息资源进行整合，对社区各处、各项功能的运行情况进行集中监测、监管、监察，使物业管理、消防、安防、能源计量等均实现智能化。同时，未来社区建筑装修会与 BIM（建筑信息模型）相结合，通过建立虚拟的建筑工程三维模型，利用数字化技术，为这个模型提供完整的、与实际情况一致的建筑工程信息库，可有效提高工作效率、节省资源、降低成本、以实现可持续发展。例如和睦社区就构建社区数字化 CIM 平台，实现社区规划、布局、管理生命周期的协调管控，提升社区一体化运作水平，构建"全程管控、布局合理、复合利用"的建筑场景。良渚文化村社区也基于地理信息 CIM 系统，通过"地理地图 + 三维建模 + 点位标识"的方式，实现空间动态可视化管理。滨海新区沧海未来社区的未来建筑场景也包括 CIM 数字化建设平台、空间高效集约，复合开发利用、打造立体多层次复合的绿色社区、创建社区建筑公共空间、装配式建筑与装修一体化。

六、未来交通场景

对于社区而言，交通出行面向的主体是人、车和物，必须以"人畅其行、车畅其道、物畅其流"作为目标，才能让居民满意。建设未来社区，应该紧紧围绕"以人为本"的核心，结合 TOD、MaaS（mobility as a service）、智慧交通等发展理念，瞄准人、车、物的个性化交通需求，实现公共交通一体化、慢行交通便利化、智慧交通集成化、社区交通分级化和出行服务人性化，打造"5、10、30 分钟生活圈"，构建一个"全对象、全过程、全覆盖"的可持续未来交通场景。未来社区居民出行场景繁多，最为关键的环节便是解决便利化问题。出行的便利化程度直接反映了出行的效率与体验。未来社区以居民慢行顺畅、10 分钟到达公交站点为目标，打造 10 分钟"慢行 + 公交"的交通出行链。一是"公交 + 社区"与"TOD"导向的一体化对外交通。在有条件重建或新建的社区，结合社区建设，围绕快速、大运量的轨道交通站点进行综合一体化开发。平面规划上，结合社区特点为社区到公共交通站点间提供便利、舒适的衔接设施服务；立体空间上，将 TOD 综合体与周边社区紧密结合，合理规划轨道上盖的不同功能的物业综合体。采用多种技术手段（如加强稳静化处理、提供出行服务等）保障 10 分钟"慢行 + 公交"的交通出行链建设。例如礼贤社区采用双层交通动线，盖上，通过丘陵式慢行系统打造人行景观住区；盖下，以打造车行为主的交通动线，通过盖上盖下的分离，实现小区真正的人车分流；以 TOD 中心为起点打造城市项目内部交通环，建设一个 TOD 首末站，N 个 Mini-TOD 公交站，并结合公园、空中慢道、邻里服务配套，实现以公共交通为导向的综合开发，构建盖下舒适、便捷、智慧的公共交通体系。南滕未来社区也围绕 TOD 以公共交通为导向的开发模式力图创建"智慧轨道城市型"未来社区，外部依托地铁 5 号线五常站 A 出口和公交首末站，实现步行 10 分钟到达公共交通站点的便利出行方式。社区内部构建无风雨归家和自行车友好的多维度慢行交通系统，实现人车物"5—10—15"分钟环通的畅捷线；

同时，通过 "1—6—1 小街区密路网" 形式实现社区路网空间全支路可达——设置 1 条天空之径慢行道路、6 座天空连桥、1 条 800 米长的地下通道与地铁站点联通，提高出行便捷性。

二是 "全天候、无障碍" 的便利化慢行交通。统一规划非机动车道和人行道，并接入城市交通干道中，构建内外畅通的非机动车及人行交通系统。街道设计上，充分考虑老人、孕妇、残障人士等特殊群体需求，布置休憩空间和风雨连廊等人性化设施。例如骆驼桥社区打造 TOD 无雨归家的慢行系统。慢行廊道贯穿社区，居住区设置系统的风雨连廊实现无雨归家路，提升出行舒适体验。同时，TOD 轨道交通无缝衔接，地下空间整体开发，实现各地块空间的共享，局部两层设计以满足停车需求。结合地下慢行系统，实现 TOD 到各居住地块的无雨联系。

三是 "小街区、密路网" 的 "街区制" 社区交通。该路网设计能为慢行交通和公共交通提供高密度、低干扰的街道空间。一方面，综合考虑街道沿线的用地性质、交通特性、社区经济和街道景观等因素，针对不同类别进行模块化设计。另一方面，充分考虑城市未来交通发展趋势，布设路测传感器、预留智慧交通设施标准化接口以满足 "共享、无人、电动" 未来交通形态。例如和睦社区充分利用地铁 5 号线、10 号线双铁交汇，交通 TOD、TRB 公交等优势，建立线上交通信息服务平台，打造社区内部智能停车系统，提高社区空间利用率，缓解停车难问题，规划社区内部慢行线路，构建 "老幼相宜、绿色高效" 的交通场景。

四是 "一键式、全行程" 的人性化出行服务。引入一站集成式出行服务运营商，提供从出发地到目的地的 "个性定制化" 出行服务，满足社区居民便利多模式出行需求。以社区为单位综合开发 "邻里共享出行平台" "社区出行仪表盘"等数据产品，引入社区拼车、"社交 + 出行"等特色功能，完善社区居民交通出行信息服务。社区公共场所设置居民生活服务信息显示牌，实时播报社区周边干道交通运行状况；社区对外公交站点设置交通信息显示牌，实时提示公交到站时刻信息。

五是打通社区公交微循环、实现行人和私家车"人车分流"。对于公共交通车辆，充分利用社区内部支路密路网体系，完善交通导向设施，优化社区公交车路线，形成社区内部公共交通可持续微循环体系；对于私家车，统一规划管理，引导车辆从小区外部道路直接进入地下车库，避免车辆在地面行驶对公交和慢行交通的干扰，实现"人车分流"。

六是"智慧停车、共享停车、绿色停车"。静态交通方面瞄准"5 分钟取停车"目标，从新服务、新机制、新设施等维度着手推动社区停车朝着智慧化、便捷化、高效化方向改革。利用立体车库、AGV 等技术提高车位机械化率、自动化率，提供停车诱导、一键停车、无感停车、自动结算和在线支付等便民智能服务。统筹社区租售及公共车位资源，创新车位共享管理机制，制度化、常态化更新社区停车配建指标，适应不同发展阶段对车位的需要。配备完善社区停车充电设备，支持鼓励第三方充电桩运营平台入驻社区，打造"未来社区"智能化便民共享充电服务平台，全天候、全时段满足"未来社区"新能源汽车充电需求。百合未来社区的智慧停车 APP 可以实现从室外自动切换到室内，实时关注邻居共享出来的停车位，显示当前可预约的停车位，这款室内外一体化导航与位置服务项目，是围绕未来社区中数字化智慧交通场景，以室内高精度音频定位创新应用为特色，着力打造具有舒适感和未来感的城市服务功能单元。APP 上线以来，小汽车尾气排放减少 15% 左右，平均停车时间 30% 以上，车位周转率提升

10% 以上，有效提升居民出行效率，并形成示范效应。同时，为居民提供停车、寻车引导，减少居民出行时间，提高居民出行体验，为居民在公共场馆出行提供室内导航服务，提升幸福感。瓜沥七彩社区也开发了智能共享停车场景，建立智能停车系统，可以为居民提供停车引导，大大提高车位利用率，实现 5 分钟停车。翠苑一区社区也推出智慧停车场景，主要是通过大屏端和手机端，提供小区内车位导览、孝心车位线上预约、公交车实时查询功能。

七是"规模化、品质化"的便民集成配送平台。集成配送方面，联合各物流企业及社区零售、餐饮配送企业，对社区物流进行整合和分类，统一管理，实现物联网末端追踪。收集居民对于末端派送的个性化需求以及售后意见和建议，实现配送灵活排班、配班，统一安排物件派送，并实时监控维护配送设备和智能蜂巢等存储设备的管理使用情况。社区建设中，统一规划物流用房（仓储空间）、社区公共用房与物业用房用地，每个中转场至少配备一个员工休憩整备场所，完善社区物流技术设施配套。探索利用区块链溯源等技术，强化物流配送安全智慧化管理。

八是"精细化、智能化"的新型配送手段。提升智能快递柜等社区智能配送终端覆盖率，覆盖半径满足社区居民需求，实现"3 分钟取货"。加速智能机器人、无人车、无人机等新型配送方式的试点与应用，同时引入绿色环保包装应用，针对生鲜等特殊货品，采用前沿冷链技术实施供应链管理。例如葛巷社区推出了 24 小时菜鸟驿站（平均日吞吐量 1200 件），预订制"无人车"配送（日均配送 150 件）、"蚁人机器人"和无人机配送等服务。

交通场景作为"未来社区"建设和发展过程中的一块至关重要的"拼

图"，应顺时顺势，不断迭代更新和完善。勇立潮头、积极探索、持续创新，为解决好交通出行这一居民本源性需求提供不竭的动力。

七、未来低碳场景

社区作为承载城市和农村人口的重要区域，是居民日常生活和活动的重要空间之一。社区碳排放主要来自居民在社区内使用的电力、燃气、污水处理及交通出行，是地区碳排放的重要来源，社区的低碳化程度对全社会的碳达峰目标实现至关重要[①]。在碳达峰目标下，低碳场景聚焦于构建综合能源系统、提升零碳能源比例、开展资源循环利用等方面，对推动城市层面的低碳化、绿色化具有深刻的意义[②]。

首先，未来社区低碳场景的数字化建设，需要综合集成低碳能源供应、绿色建筑、绿色出行、资源循环利用等领域的先进技术，以确保社区的全面低碳化。

一是打造多能协同低碳能源体系。通过创新能源互联网、微电网技术利用，建设"光伏建筑一体化＋储能"供电系统、"热泵＋蓄冷储热"集中供热（冷）系统，优化社区智慧电网、气网、水网和热网布局，提升零碳能源利用比例。

二是构建资源循环利用系统。充分利用场地内丰富的自然水系及天然绿地，构建分类分级资源循环利用系统，打造海绵社区和节水社区，推进雨水和中水资源利用。同时完善社区垃圾分类体系，提升垃圾收运系统功能，

---

① 张诗青,王建伟,郑文龙.中国交通运输碳排放及影响因素时空差异分析.环境科学学报,2017(12):4787-4797.

② Hickman R,Ashiru O,Banister D.Briefing: low-carbon transport in London.Urban Design & Planning, 2009,162:151-153.

促进垃圾分类和资源回收体系"两网融合"。

三是引进综合能源服务商。社区邻里中心建设社区级能源管理平台，并将该平台集成到社区数字化大平台上。通过该平台，对社区的电、水、燃气、蒸汽、冷热量、油、可再生能源等进行全方位监测，全面提升建筑能效管理水平，并实现定额管理，对设施设备运行状态进行监测，对社区的环境质量进行监控。采取特许经营方式，引入综合能源服务商，建设整个社区能源管理平台，并留有接口可接入社区智能服务平台。

四是推广近零能耗建筑，邻里中心按照近零能耗建筑标准设计、建造。除邻里中心外，其余楼栋围护结构的热工性能比浙江省现行节能标准提高了至少 15%。同时，社区建筑统一按照绿色建筑二星级及以上比例的目标进行设计和建造。例如礼贤社区贯彻海绵城市理念，促进水资源循环利用，海绵城市，是新一代城市雨洪管理概念，指城市能够像海绵一样，在适应环境变化和应对雨水带来的自然灾害等方面具有良好的弹性，礼贤社区的水资源循环利用系统可以实现使雨水经回用水池处理后流入清水池，清水池内水经水泵提升至地块西侧水管网络用作景观水系、绿化浇灌及道路浇洒。东湖社区围绕"绿色、低碳、环保"的理念，推进小区基础设施翻新、LED 路灯改造、补种绿植等低碳场景构建，实现老旧小区变身"低碳家园"。同时，以"光伏建筑一体化＋储能"多元能源协同供应为重点，在社区中的建筑应用（建筑区）、公共区域的配套设施应用（景观区）以及社区居民和家庭的生活应用（民生区）三类场景推广光伏应用。

其次，可以建设社区智能垃圾回收系统。社区各地块提前布置社区智能垃圾回收系统（预留电源），将垃圾分类为可回收垃圾、有害垃圾、有机垃圾、其他垃圾，便于统一回收和分类处理，可回收垃圾纳入回收利用体系，其他垃圾纳入城市垃圾处理体系，有害垃圾由专业机构统一处理。通过使用社区智能垃圾处理系统，配合有效的垃圾分类回收教育宣传，希望能使居民自觉参与垃圾分类行动，分类准确率达到90%以上，生活垃圾回收利用率达到35%以上。此外，未来社区还可以设置有机垃圾资源化处理设备，就地处理回收的有机垃圾，所形成的肥料可用于社区的绿化种植，设备采用钢结构为建造主体的可移动模块化产品，由多种微生物共同作用，可在源头将餐厨垃圾分解成水和二氧化碳，减量率高达99.37%，同时无须特高温加热，节约电能。例如和睦社区构建起"节能环保、循环无废"的低碳场景，引入节能环保材料，运用智能解决方案，提高社区能耗管理精细化程度，提升垃圾分类处理效率；翠光社区打造了智能垃圾分类站，让垃圾分类更智能化、让市民的生活更低碳化、让垃圾投放更便捷化，引导市民形成自觉垃圾分类的习惯。

最后，打造综合能源智慧服务平台。作为低碳化未来社区的神经中枢，综合能源智慧服务平台可以利用互联网、云计算、大数据等技术，实现能源管理、资源协调、智慧管家等功能，从而打造高效智慧、供需互动、健康舒适、循环无废、绿色共享的低碳化未来社区。在能源管理功能方面，未来社区的综合能源智慧服务平台是数字化技术与能源新技术的深度融合，可以实现多能协同供应、全方位智慧节能、供应侧与需求侧智慧互动；平台还能收集相关数据，并对社区的能源资源利用情况、用户消费行为、用能特性等开展分析，引导用户进行负荷管理和技术改造，使负荷平均化，提高终端能源使用效率，实现能源供需高效匹配，运营集约高效。在资源协调方面，平台可通过互联网、大数据、人工智能、区块链等数字化技术与能源、建筑、水资源等领域深度融合，推动社区能源在供给侧和需求侧创新。在商业功能方面，平台可以整合一体化开发、投资、建设和运营，实现投资者和用户互利共赢，有效降低能源资源使用成本。例如心海社区集中供能项目采用"地源热泵＋热源塔热泵＋冰蓄能"的可再生能源系统，采用水作为集中供能的传输介质。对小区而言，无空调外挂机和飘水问题，无空调散热产生的城市热岛效应，建筑物外观更加统一、美观；不用建造设备平台，节约成本和增加户内面积。而对住户而言，无须购买空调，节省设备费用；通过水传输冷热量，无制冷剂和氟利昂，更安全环保；恒温恒湿，供热均匀，舒适度高。集中供能还为小区居民节省 20% 以上的用能成本，使用年限长达 30 年。集中供能项目是将每家每户的小、散用能模式整合成集中高效供能模式，能更好适应社区不同功能模块的不同用能时间，从而降低总的供能容量。同时其主要的能量来自可再生能源，传统电力只是为其提供了动力，为城市带来了节约高效、清洁低碳的用能模式。心海社区集中供能项目建成后，相比中央空调系统，每年可节约标煤 903.48吨，减排二氧化碳 2203.59 吨，减排二氧化硫 14.91 吨，减少氮氧化物排放14.09 吨，减少烟尘排放 8.67 吨，让未来社区成为更加宜居的绿色低碳生活圈，成了标杆性的民生工程。

在推动未来社区低碳场景的建设过程中，应当在分析自身资源禀赋优势和实际需求的基础上，坚持以低碳化为核心，统筹兼顾建筑、交通出行、废弃物处理等领域，同时在管理上、政策上、宣传上践行低碳理念，最终实现碳达峰目标。

八、未来服务场景

未来社区数字化管理平台能够集成多种品类设备和系统，实现细化场景应用，并兼具数据服务功能，在实现数据整合和数字资产管理的同时，支持六大未来服务场景多类应用"插拔式"扩展，可有效帮助社区实现设施设备的数字化管理，协助社区居民、管理者、应用开发者打造丰富的智能化应用场景，实现全生活链场景的数字化。

管家服务。未来社区服务可以使物业管家和数字管家协同作业，根据不同小区的特点，因地制宜定制物业管家服务，结合 AI 能力个性化定制智能客服，提供先进的云端智能管家，以移动化、便捷化的数字管理，更智能、更高效地解决居民所遇到的困难。管家应具备精服务、擅经营、懂管理的专业素养，拥有为业主提供人生各阶段个性化服务的能力，建立"暖心大管家"模式，针对业主家庭进行一对一的精细化服务。例如和睦社区通过完善和东路商业街、阳光餐厅、农贸市场、微型消防站等居民日常生活服务配套，打造"平台＋管家"物业综合服务平台，建立智慧公共服务中心，满足社区居民物业管理、维修服务、便捷办事等多样化需求，构建"便民优质、智慧安全"的服务场景。

物业服务。社区物业管理开始从智能化建设向注重"质"的时代迈进，从安保服务到社区应急，从环境维护到生活环境保障，从工程设备养护到社区活动，从软件、硬件、生态三个维度提供未来社区物业服务的解决方案，将数智化思维贯彻到物业服务的各个层面，促进物业服务信息化升级。回归服务本质，打造舒心、顺畅、智能、有温度的社区环境。例如翠苑一区社区通过提升物业数字化服务水平，线上提供物业信息公示、物业报修、投诉建议等服务事项，安排智能客服 24 小时在线，为居民排忧解难。同时居民和社区可对物业服务进行双重打分，形成考核依据。

商业服务。社区商业服务可基于社区 O2O 模式建立，通过构建服务以及支付闭环，处理"最后一公里"的服务、配送等线下落地问题。此外社区还可打通智能健身房、智慧餐厅、资产出租管理、智能快递柜、驿站服务、无人超市、O2O 服务、智能游泳池等相关增值服务，配置与居民日常生活密切相关的基本服务功能，创新社区商业供给和遴选培育机制，完善社区配套，让社区更宜居。良渚文化村社区与运营主体组织共同成立良渚策略开发运营中心，统筹协调良渚文化艺术中心、安吉路良渚实验学校、玉鸟流苏一期创业产业园、良渚教育营地、万物云（万科物业）、随园养老等各方资源、利益和诉求形成有效的反馈机制和决策机制。如在良渚文化艺术中心、随园养老运营初期，玉鸟流苏一期创业产业园的租金盈利可有效反哺文化和养老运营的成本开支，以盈利覆盖亏损、做到盈亏平衡，持续推动社区有序生长。

公共服务。依托社区服务中心，盘活社区公共资源，打造社区图书馆、智慧篮球场、文化活动室等文化服务圈；设立智能会客厅、社区食堂、共享农场等社交服务圈；建造社区智慧健康中心、儿童智能体检、社区健康直饮水等健康服务圈；构建早教启蒙乐园、儿童涂鸦墙、适老休闲区、萌宠乐园等休闲娱乐服务圈。这样才能惠及不同年龄段、不同公共服务需求的业主，让社区居民 15 分钟就能享受到购物、餐饮、文体娱乐、健康医疗等基本生活服务，营造更好的社区公共生活体验。葛巷未来社区建设重点内容突出智慧服务平台迭代升级，是全省首个实现"1+N"链路全面打通的社区。1.0 智慧服务平台已累计服务 1495 人 40 余万次，小区居民通过平台处理件累计 218 件，办结率 99.28%，平均办理市场 0.41 小时。2.0 智慧服务平台采用省级未来社区智慧服务平台应用商城分发模式，实现按需购买、一键分发、零秒上线，告别了过去传统的"高成本、重复投入"数字化开发模式。"葛巷社区智慧服务平台"已嵌入多款高频应用，居民可以通过平台一键获取生活缴费、小区运动、在线课堂等市场化生活服务；还可直接访问入学早知道、智慧旅游导览、街道主任热线等政府类高频应用，实现社会公共服务的高效供给。良渚文化村社区发挥在人文、生态、治理等方面的优势，整合社区现有运营资源，增补优质社区公共服务配套，通过社区综合治理服务中心、智慧健康站、健康小屋、村民议事厅、村民学堂、婴幼儿成长驿站、老年食堂、运动吧、便民小屋等空间改造，重塑社区生活圈活力。

公益服务。通过开展第三方公益讲座，发起社区课堂，发掘社区"能人"事迹，表彰社区"能人"公益事迹等多种方式组织社区公益活动，营造出浓厚的社区人文氛围以服务消费者，发挥社区商业自有的口碑效应和邻近效应。此外，在未来社区里除了采用电子认证、数字身份证、人脸识别外，还可以采用信用积分方式，建立共享、声望两大积分体系，关联居民行为规范，通过服务与积分双向换取的方式，居民可通过志愿服务、邻里之间互帮互助获得积分，同时这种方式也可以提升居民对公益的积极性。例如良渚文化村社区公益基金会与万科同心圆公益充分发动企业、社区力量丰富公益场景，补位政府、社区和开发企业，成为爱心捐赠者、社区公益项目、热心志愿者之间的可持续公益平台。通过结合良渚丰富的文化资源设置莫角书院、良渚文明探索营地等资源，以文化活动与公益服务为商业引流、又以商业盈利支撑公共服务，打通二者的有机协同，实现运营自平衡。迄今共举办了500余场艺术活动，累计观众人次超过100万。

未来社区所服务的不仅仅是一个人、一套房子、一栋楼，而是一个群体、一个微型生态圈，以业主需求为根本的社区服务运营理念逐渐占据主导，传统社区"管物"的产业结构，也正在被重置为"对人的服务"，完善社区服务场景建设，才是推动未来社区服务向个性化、精准化、多元化发展的最佳路径。

九、未来治理场景

"韧性"逐渐成为全球高度关注的话语体系，风险治理很大程度上取决于面对各种风险的应对、适应及恢复能力。随着我国风险治理和社会治理重心的下移，社区成为抗击风险的前沿阵地。如何通过数字赋能提升未来社区的韧性治理能力，已逐渐成为公众关注的新焦点。

首先，应立足全省各地现有数字化基础，推进社区智慧服务平台与城市大脑有效联通，结合韧性治理的四阶段，形成信息采集、智能预警、分类管控的"全周期"闭环，切实提高未来社区应对重大突发事件的应急能力和精细化治理水平。

一是强化基础信息采集管理。加快推进居民电子健康档案全覆盖，在健康码基础上，构建以"一码一档案"为核心的社区健康管理体系。加强"重应用、重收集"的平台功能建设，通过信息采集等方式防患于未然，一旦应急预案启动可依托平台数据库开展精准排查，统筹安排人财物等资源。例如在新冠疫情防控期间，翡翠未来社区通过数字化使业主码、防疫码合二为一，即业主在秀丽翡翠中显示绿码即可刷码通行，实现人过留痕；若出现黄码和红码则无法打开门禁，需联系物业人员，及时发现并做出科学处置，做好防疫工作。翡翠社区的数字化平台还实现了人车出入翡翠社区有留痕可追踪功能。该社区的所有出入口都实现智能出入登记，后台可以通过手机号码、车牌号码、开门方式等追踪查询进出入小区的时间、出入门岗，做到 24 小时全天候出入有留痕，踪迹可追踪。

二是实行敏捷性预警与精准防控。充分整合社区居民基础、网格化管理、综合治疗等数据，建立"以数据说话"的风险管理机制。对社区重点公共场所进行动态监测、实时预警，建立移动化的社区网格员报告和逐级管理机制，实现"大数据"和"基层网格力量"双防控。例如冠山社区"居有所安"的智慧消防场景打通消防"云治火"平台数据，结合社区电动车阻车系统、烟感预警、用电预警等系统，通过异常数据的反向排查，进一步摸清了社区的群租情况，对人口普查数据形成补充，不断提高社区安防数字管理的数据准确率和居民反馈准确率。

三是开展统分结合的居民健康管理。建设智慧化社区卫生服务站，联动社区卫生服务中心，开展自主检测、慢病一体化门诊、5G 智能随访、远程检测与监测预警服务，为社区居民日常健康管理与疾病及时检测保驾护航。对于潜在风险人群及健康人群，依托平台实行居家"健康打卡"并纳入电子健康档案，家庭医生可据此对各类人群做好初步甄别与就医建议。针对孕产妇、老年慢性病患者等做好健康咨询服务，提供平台预约错峰就诊、慢性病长处方及药品配送 O2O 服务，最大化保护弱势人群。例如良渚文化村社区针对社区老年群体，开发助餐模块，根据不同年龄阶段享受政策补助，实现政策数字化，同时在社区智慧平台植入一键呼救模块，通过与老人呼救设备的联通，实现预警信息动态监测及时处理，做到护老智能化。

四是打造社区权威信息发布窗口。将公共危机意识教育和应急能力培训纳入社区信息发布模块，全面提升社区应对风险的设施与制度保障能力。例如，根据风险不同阶段的特点，开展不同的学习教育内容，提高社区居民的风险意识、自助技能和互助意识。制定危机后居民心理健康指导和管理方案，重点对老年弱势群体、贫困群体进行心理康复，消除心理应激反应和焦虑反应。例如，和睦社区的社区智慧管理中心主要分为四个层级：数字驾驶舱，可实时展示和睦社区各方面数据，是全方位治理社区的操作系统；和睦数据综合应用平台，针对和睦社区现有的系统以及现有数据进行集成，用社区信息资源梳理各部门数据应用需求；社区管理平台，主要是对涉及社区的人、事、物的场景进行综合治理；居民服务移动端，通过小程序、APP 等，实现居民端的运用和体验。此外，社区也打造和睦议事厅等公共空间，党建引领的社区治理机制、居民自治机制、和睦议事港、运河平安管家、四个平台、执法中队、监控中心、微型消防站、微法庭等，实现社区"人—车—房—事—物"智能高效管理，构建"政府导治、居民自治、平台数治"的治理场景。

其次，有效整合志愿者、社区工作人员、物业服务人员、商家等资源，充分发动每一个社区居民积极性，建立社区公共危机共治模式，提高社区在不确定风险冲击下的应对、适应和转化能力。

一是构建多方参与的邻里积分机制。创新社区治理手段，结合未来社区的优质公共服务、社区共享生活、品质商业服务三大领域建设，借助智慧服务平台的线上高效组织能力，建立由"贡献值""声望值"构成的社区邻里积分机制，构建由运营主体主导、居民参与九大场景营建、社区商圈联盟参与、线上线下联动闭环的积分机制，实现居民"有实权的参与"，以及"奖惩有度"的价值引导，凝聚邻里归属感和集体意识。

二是促进邻里互助与资源共享。将社区巡防、风险排查、邻里照护、健康援助等行为纳入积分体系，鼓励具有一技之长的"社区达人"及普通居民开展健康宣传与爱心救援工作。开通需求发布响应功能，满足邻里互助与资源共享日常需求，应对风险期间可高效实现社区居民之间物资、生活用品等相互支援，提升社区资源共享利用效率。例如，冠山社区通过"共建共享共治"的理念，把社区居民团结在一起。在共治共享方面，社区组建起了一支百人志愿者队伍，不少志愿者坚持了近10年，他们为社区建设出谋划策、为邻里和谐搭起连心桥。如今，在志愿者的带动下，"把社区当成家"，已经成为越来越多社区居民的共识。就拿社区发布志愿者征集信息来说，几分钟就能"满员"；谁家有急事来不及接孩子，一条微信求助，邻居就出门接娃了。邻里间由"生"到"熟"，也带动了更多人从社区建设的"旁观者"变成"参与者"，为社区"共建共享共治"打下了扎实基础。

三是加强互相监督与自我约束。可发动居民参与查找社区防控中的漏洞或空白点，异常情况一键上报，提高基层风险感知和识别的敏感度。对影响公共利益的行为予以曝光，扣除积分并予以相应处罚。

四是完善社区多元化自组织体系。实施社区志愿组织、社区领头人培育计划，加快建立社区志愿者、紧急救援队等自组织机制，依托平台加快培育各类体育、健身、休闲等各类社群组织，为积分机制的有效建立奠定基础。完善社区自我管理、互相救助机制，平日实现有效组织的常态化，在疫情、灾害等非常时期可发挥关键性支撑作用。

例如翠苑一区社区通过已有数字化基础，运用"一表通"应用实现数据协同，实现了功能集成、增效减负，打造出"社区情况一张图""疫情防控一张图""消防安全一张图""孤寡独居老人一张图"这四个智能化项目，大大提高了管理效率，减轻了基层工作负担。"社区情况一张图"，是由街道驾驶舱"大脑"下延至社区驾驶舱"微脑"，运用数据分析将人、房、企、事、物进行关联，标签化管理，生成个性画像，实现社区基本情况一屏掌控。一方面自下而上汇集基层日常工作的基础数据，另一方面自上而下汇聚省市县（市、区）平台回流的数据资源，不断清洗和丰富"微脑"数据，实现数据协同共享。同时依托浙政钉工作端，社工对辖区数据一次采集，多方复用；上级所需表单自动统计生成，并增设提醒功能，减轻基层工作负担。"消防安全一张图"，是在社区消防通道布控物联感知设备，运用 AI 自动识别报警，并分析频繁违停车辆，提前宣教，重点处罚。"孤寡独居老人一张图"，通过安装智慧安防四件套（气、电、烟、红外线），一旦有情况立即报警，物业即可第一时间赶往现场进行处置。

和睦社区也深化阳光议事机制，在线下打造村民议事厅，在线上开通阳光议事，通过"阳光议事团"，以线上议和线下决的方式，开展民主协商议事。2021 年以来，共开展协商 36 次、问题解决率达 95% 以上，解决了大郡南停车、物业费涨价、污水改造和村民养猫等一系列焦点问题。以大郡南停车为例，由小区党支部牵头成立"停车方案推动工作协商监督小组"，多主体共同商议并开展数据收集和现场调研，形成停车管理方案，并面向全体业主开展意见征询。82.26% 的业主同意管理方案，同时收到各类基层治理意见 102 条。通过民主议事协商"回头看"，起草《公共区域停车公约》，并将其作为《村民公约》的补充，制度化落实协商成果，停车管理整治效果得到居民普遍肯定。此外，在未来社区创建工作中增设数字驾驶舱，通过数字化整体智治，结合德治、自治、法治，最终达到善治的"五治融合"。

最后，结合未来治理场景建设，以数字社会高效组织为引领，聚焦"老有所养""弱有所扶""病有所医""体有所健""文有所化"等社会事业，打破部门间、业务间的数据孤岛，加快社区智慧服务平台与城市大脑的有效打通，实现高质高效的精细化治理。同时，依托未来社区创建项目建设，形成一批具备"平台数治、居民自治、政府导治、平战结合"特点的韧性治理"最佳实践"案例，在此基础上进一步复制推广，努力打造浙江共同富裕基层治理创新的"重要窗口"。

第三节　以九大模式为抓手

在浙江探索数字化赋能未来社区建设的过程中，涌现出多种数字化创新模式，例如数字孪生将虚拟社区与物理空间相融合、数字积分打通邻里交往线上渠道、青年人才服务数字"一件事"综合应用场景打造等。根据上述浙江省未来社区九大场景数字化的建设，本节进一步构建最具代表性的九大数字化创新社区发展模式，为推动社区数字化建设能力提升和健全社区治理体系提供经验，其中前三个模式"三脑联通""数字孪生""数字门牌"通过技术赋能和制度赋能双驱动，推动治理效率变革；接下来的三个模式"时间银行""村社联动""一刻即达"体现了多主体协同参与共建，推动迭代动力变革；最后的三个模式"关键小事""无疫单元""数字家医"旨在满足多元化需求，推动生活质量变革。

一、城市＋社区＋家庭"三脑联通"

三脑联通模式是指通过未来社区的智慧服务平台实现云端城市大脑、社区平台中脑和家庭终端小脑的联动，以数据为核心、驱动社区建设，支撑社区管理。遵循数字平台建设一体化理念，通过城市大脑统一赋能，在萧山平台支撑下，瓜沥七彩社区构建了"沥家园"镇、村（社区）、户三级体系,创设"城市大脑+社区中脑+家庭小脑"的数字生活样板(见图4-3)。沥家园分为线上端和线下端。线上端包括镇、村级驾驶舱和户端移动应用。在镇村管理层面，镇级打造"1+4+X"的功能屏，特别是围绕本镇居民实际需求的志愿帮扶、垃圾分类、智慧电力、交通治理等特色驾驶舱。村（社区）级打造面向村社基层管理的村社运行、日常管理、清廉村社、应用中心、事件中心、特色场景等6大模块的综合驾驶舱。目前，镇村两级驾驶舱已经整合区级公安、纪监（清廉）、政法委、电力、城管等部门数据资源的一屏归集，涉及33个业务领域、553项指标，极大方便了镇村事务管理。在户级应用场景，以新老瓜沥人需求为导向，七彩社区自主开发了"沥家园"手机用户端和"沥小二"微信小程序，打通群众与政府、与村社沟通信息、反馈诉求的线上桥梁，并可以通过积极参与公益任务获得积分及相应的激励。

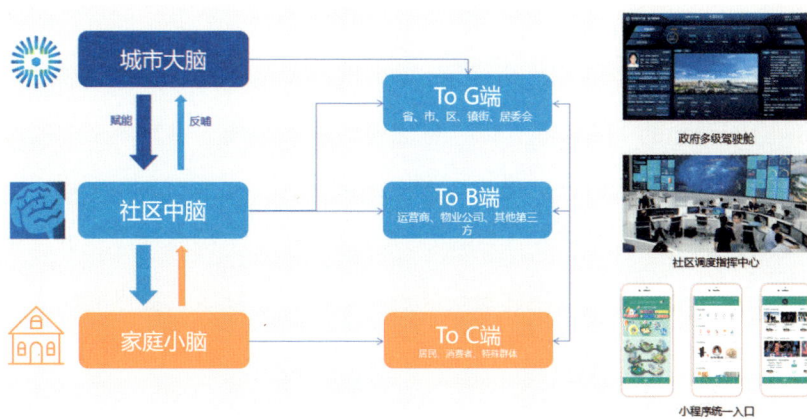

图4-3 瓜沥七彩社区 "城市大脑+未来社区" 数字化底座

　　线下端七彩社区推出了"家门口的办事服务中心"，专注于时间差、流量差、业务差，实现 365 天 24 小时线上线下公共服务，可办社保、市民卡、违章处理等与民生密切相关的 261 个事项，有效破解居民上班时间与办事时间冲突的难题；同时，打造了"家门口的村社驿站——沥 MALL"，实现线上积分的兑换，把居民平时的行动转换为实实在在的小激励，群众的获得感与体验感大幅提升，参与的积极性与主动性大为提高。

　　通过在未来社区 6 个居民小区中布局实施"沥家园"数字驾驶舱，通过政府数字化驾驶舱管理端、社区居民微信用户端、"沥小二"公众用户端、"沥 MALL"现场实体端等应用，全面构建由 59 幢居民楼、近万人组成的"七彩云端未来社区"，实现社区基本情况及管理信息"一键通"，社区与居民管理沟通"一键达"，社区帮扶公益任务"一键抢"，已初步形成数字社会基本单元的雏形。

　　除了瓜沥七彩社区之外，浙江省还有很多"三脑联通"的实例：嘉兴渔里未来社区以万物云城为运营主体，不仅涵盖社区公共空间，同时还涵盖了城市空间和商企空间，构建了"1 个城市大脑 +1 个社区中脑 +3 个未来社区应用端"的 113 体系，以先进完备的体系架构，重塑城市空间服务效率，注入发展新活力；杭州亚运村把城市大脑、社区中脑和家庭小脑连接在一起，与浙江省未来社区试点推动实施相结合，构建"三化九场景"的集成系统，从赛前的智慧建筑切换至赛后的智慧社区，提供充满人文关怀、低碳与共享兼具的美好生活样本；葛巷未来社区实现了"居民移动端、物业钉钉端和社区驾驶端"三端互联互通，基于街道数字仓联通一体化智能化公共数据平台、城市大脑、街道"基层治理四平台"等数据，以场景需求为导向，加强数据治理，不断丰富数字仓主题类型。如结合街道数字驾驶舱与基层治理四平台融合试点优势，在葛巷社区落地"网事警情"联动治理智慧平台（葛巷社区），打造线下"网事警情"联动治理工作站，实现线上线下、数字赋能基层社会治理，积极探索公共服务与市场服务在数据安全与隐私保护前提下相互赋能的有效模式，切实保障好数据隐私；桐乡杨家门未来社区构建了 4+X 智慧四脑数字化运营体系，即智慧城市大脑以地理信息技术、大数据技术和物联网技术为依托，集成多种数据资源，对城市运行体征进行监测与管理，多角度、多图表展示城市运行态势，通过决策支撑模型分析对城市综合预警。社区管理中脑包括居民服务、物业管理、社区运营、政府治理的智慧运营中心四大板块，覆盖居民端、物业端、运营端、政府端视角作为社区全面可视、智慧决策、高效运作的智慧中脑。终端家庭小脑通过家庭智慧中控屏，提供可视对讲、社区新鲜事分享、智能家居控制、社区增值运营等服务，业主可通过家庭小脑的 APP，一键解决生活缴费或者预约物业维修服务，联通邻里、物业、商业、设备，实现信息互通，提供便捷舒适的一站式服务，打造有温度的美好社区 APP。移动微脑是指通过手机端 APP 实现 200 余项数字功能场景的移动端操作，具备手机开门、生活缴费、社区商城、华润家书、积分兑换等丰富功能，作为居民体验未来社区最直接的方式，让居民一屏在手，畅享智慧、人本、专业、高效、丰富的服务。

二、"能感知，可融合"的数字孪生社区

孪生社区是指通过数字孪生技术在未来社区建设过程中打造专属数字孪生社区，从而形成物理社区在数字空间中的孪生映射，将数字化建设成果集成到数字孪生社区中进行一体化管理，最终达成建设运营管理降本增

效的目标。数字孪生技术将空间、时间、人、物、资产等信息集中整合，打破数据孤岛，并映射到统一的数字化界面上，带来全面可视化、可分析、可调度的管理模式。通过连接未来社区"九大场景"，数字孪生平台为社区运营建立统一数据链路，实现高效的数据采集、数据监督、数据分析、数据闭环，让任何社区状况有迹可循、有据可依。

杭州市萧山区瓜沥七彩社区通过整合未来社区规划、建设和运营全过程的数字信息，构建起一个虚实交融的数字孪生社区，结合未来社区三化九场景的概念，通过数字孪生架构平台，构建"社区智慧中脑"，提供基础服务，统一管理，接入 BIM 设计，贯穿项目建设全过程，实现了由"物理空间"和"人类社会"为主的二元空间向"物理空间 + 人类社会 + 信息空间"三元空间发展，数字孪生模式有以下特点：

第一是全方位运营生态支撑——实现未来社区建设全过程咨询决策支持。依托 BIM、IOT 等技术，为未来社区项目提供科学化论证手段，精细化管控方案质量和建设进度。通过提供未来社区多方协同参与的建设管理系统，牢牢把控建设管理各项要素。通过多平台的互通，形成一套完整的数字化、立体化、精细化的建设管理体系，助力未来社区真正落地。

第二是多主体协同的共享服务——提升未来社区智慧服务应用、数字孪生架构平台通过构建基于现实社区的数字孪生社区，接入 CIM 平台，采用了"1+N"总体架构，以一个平台汇聚核心数据，充分运用 CIM 空间治理优势，提升未来社区智慧服务应用。CIM 平台作为综合信息集群管理平台，汇聚未来社区全生命周期数据，构建公众参与、政务服务、社会化服务、公共服务一体化的平台，促进智慧社区可持续化发展。

第三是社区级孪生还原——实现未来社区精细化、可视化管理。以数字孪生为核心技术路线，融合未来社区多个运营管理业务系统和全要素、精细化的三维孪生底座，打造的虚实交融、实时映射、双向互通的数字社区运维平台，在社区场景中实现智慧管理、决策辅助、应急指挥等应用场景。在精准还原孪生社区要素的基础上，将未来邻里、未来教育、未来健康、未来创业、未来建筑、未来交通、未来低碳、未来服务、未来治理九大场景，在数字孪生架构平台上实现场景打通，实现一图全览、一图总控。

第四是万物互联——实现未来社区疫情防控部署，降低社区运营成本。通过物联感知设备增强社区运行状态的实时感知，包含安防监控数据的感知、能耗监测数据的感知，垃圾桶、电梯等设备数据的感知。通过小到个人数据的采集，包含年长者的健康数据、幼儿的实时轨迹安全数据等，使服务精细化。对于管理运营者来说，通过物联设备对社区数据的采集，能够实现社区管理的降本增效。

第五是 AI 赋能——保障居民日常安全。社区一体化平台将在部分场景中应用到 AI 的赋能。比如对于监控画面作 AI 的事件分析，对于明火、安全通道误闯、停车场出入口拥堵、消防通道违停、电瓶车进单元楼、垃圾投放等异常事件进行实时警告处理，并且联动物业管理人员进行工单派送以及事件处理。

杭州的瓜沥七彩社区作为浙江省首批 24 个未来社区试点之一，成为浙江省未来社区试点建设的"样板间"。坚持"边建设、边运营、边总结、边迭代"的螺旋式发展理念，商汤科技与之江七彩云集团携手合作，发挥双方在全球人工智能和社区运维一体化领域的前沿优势，通过新建与改造相结合的模式，推进未来社区的数智建设。在中国社区 3.0 背景下，将七彩未来社区打造成符合城市未来发展，满足居民学习、工作、生活一体化需求的综合性、现代化社区。这套基于 AI 底座搭建的"之江七彩云数字社区运维平台"，将未来社区"三化九场景"的数字化建设集成在一个平台中，依托 BIM 咨询体系，集成设计施工一体化模拟应用，实现集群项目协调管控，打造了一批符合数字化时代居民特征的社区新基建，其应用场景涵盖社区 G 端（政府）、B 端（运营主体）、C 端（居民端）线上线下生活的方方面面，已成为国内未来社区数字化运维的代表性样板七彩数字社区运维平台（见图 4-4）。

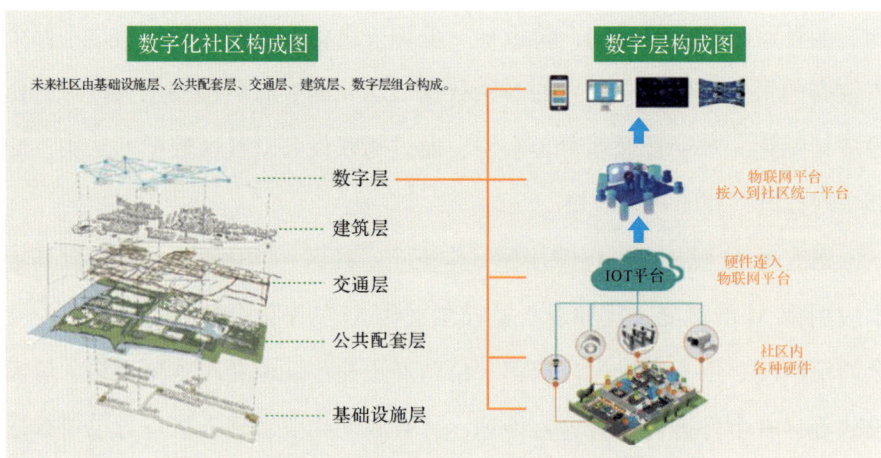

图4-4　七彩数字化社区构成视图

在运营阶段，瓜沥七彩社区以数字社区运维平台为主，打通现有各级部门的数据孤岛，全面融合各大场景，联合物业服务、信用积分、应急处理和健康管理平台，实现社区的全景式管理，打造具有惠民性、公益性和商业性的社区公共空间，也为未来社区数字化运营打下了坚实的基础。

杭州市滨江区冠山社区也搭建了社区 CIM 数字化建设平台、智慧社区服务平台和智慧城市信息数据平台(见图4–5),打造实体建设和数字建设"孪生"社区，该平台通过 CIM 技术精确还原建筑物，复刻小区物理空间至线上空间，结合独居老人报警系统等开发了"呼叫一键达""服务一键通""群租一键查"等新型基层治理场景，实现小区救火抢险指引、电梯报警指示等功能。同时，社区数字平台对居民实行数字标签化，通过年龄、性别、学历等基本属性以及各类特殊属性的标签进行全面梳理和档案管理。平台已接通公安、交警、消防、社发、民政、天然气和电力等区级职能部门数据，归集 20 个人口信息标签、2684 万条数据。

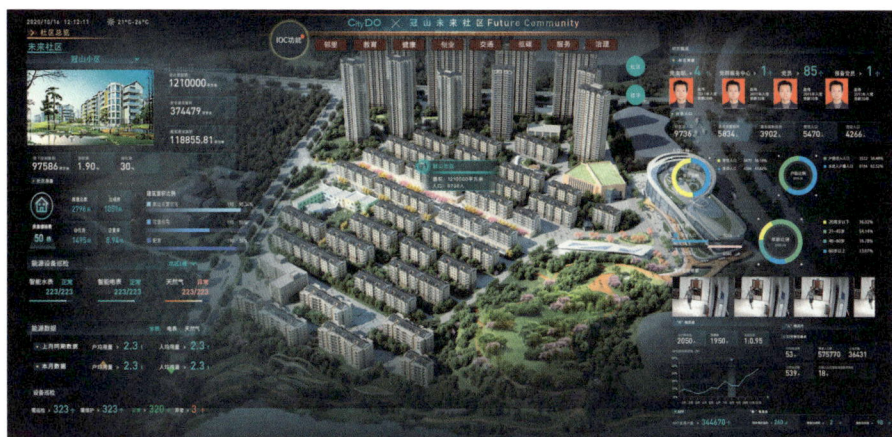

图4–5　冠山社区数字化平台

三、"一码到家"的数字门牌

数字门牌是指在原先传统门牌上嵌入二维码，将地址唯一性编码对应生成地址二维码，实现与互联网的无缝对接，主要包含精准定位、便民服务、自我宣传、交易缴费等，使群众在日常工作生活中办事更便捷，同时也是未来社区和未来乡村进行数字治理的有效平台。

青山村位于浙江省杭州西北余杭区黄湖镇，村内有生态组合良好的自然环境，且历史悠久，文化积淀丰富，是黄湖镇第一批"美丽乡村"精品村创建村之一，也是全省乃至全国的"未来乡村实验区"。青山村的数字化建设和改造开启较早，于2020年10月发布"未来乡村数字平台"，此平台的建设目的是通过信息化建设及5G、大数据、区块链等先进技术的运用搭建"产业+治理"相结合的数字乡村治理创新模式。

青山村的"数字乡村"开发建设最新成果——数字门牌正式上线。数字门牌是指在原先传统门牌上嵌入二维码，将地址唯一性编码对应生成地址二维码，实现与互联网的无缝对接，主要包含精准定位、便民服务、自我宣传、交易缴费等，使群众在日常工作生活中办事更便捷。比如，村民扫码可以找到是否有人来检查过垃圾分类，游客扫码可以了解地址信息等，自然好邻居农户还可以看到民宿介绍信息等，检查人员可以查看检查留痕信息等。青山村以"数字乡村"平台建设和数字门牌系统为抓手，建设集数字驾驶舱和生态监测、生产管理、行业监管、公共服务、乡村治理等五大应用为一体的乡村微脑，进一步打通各部门数字信息资源和线上公共服务渠道，推动"最多跑一次"便民服务继续向基层下沉，实现公共服务一网可及、到底到边。

除青山村以外，作为浙江省未来社区试点之一的杭州市临平区南苑街道龙兴社区，于2021年7月19日完成了该区首块数字门牌试点安装，迈出了全省首个未来社区党建综合体建设中"红引治理"场景的第一步。龙兴社区首推数字门牌流口管理系统，政府主导、党建引领，以精细化的数字管理手段，提升小区治理的深度、速度、温度，打造未来社区建设样板。

龙兴社区结合社区实际，立足数字化改革要求，着力实施统一更换设置二维码门牌（数字门牌）工程，打造"数字门牌·一码到家"民生服务嵌入二维码门牌信息集成系统。

系统跑起来，租客不必跑。对于租客而言，龙兴社区租房人员可直接通过数字门牌上的二维码线上办理暂住登记证，比起以往必须实地窗口办证，更加省时省力、便捷高效，将以往半天的办证时间减少为 2 分钟左右。同时，租客可通过扫码更为迅速地入住、退租。后期，扫码即知更多便民信息。

数据对接好，准确易管理。对于房东而言，以往租客入住时需要各种询问、信息核准、记录留档等，既麻烦又容易出错。现在，一键扫码，租客信息自动匹配，清晰准确、一目了然。房东可以随时查看租客何时入住、何时退租、房子租赁历史记录等信息，同时可在线处理租客入住、退房等需求。

龙兴社区充分了解比对选择专业性强、业务熟悉的企业和技术人员参与门牌制作、系统建设，确保质量过关、技术过硬、系统过人。同时，开展数字门牌业务和应用推广培训宣传，确保基层社区工作人员及时掌握规范流程和工作要求，广大群众熟悉了解并认可数字门牌。

管理智能化，安全有保障。对于政府而言，辖区暂住流动人口的排查一直是一项耗时耗力的大工程。有了数字门牌流口管理系统后，公安机关只需查看一址一码后台信息，即可准确掌握暂住流动人口的动态数据，实现对出租房清晰管控、精密管理、精确指导。数字门牌的推广，不仅可以解决社区租客信息排查问题，同时也可为居民提供其他贴身服务，足不出户就能办理相关业务，实现一码通服、一码通治的目标。

四、"时间银行"里的邻里互助

所谓"时间银行"，是指志愿者将参与公益服务的时间进行一定期限内的储存，当自己遇到困难时便可支取"被服务时间"，简单来说是将时间作为一种虚拟货币，实现现时服务与未来服务的"等价"互换。这一概念最早出现在20世纪80年代的美国，由卡恩提出。在他看来，劳动不分贵贱，每个人工作时间都是平等的，时间是价值的无形资产。这一模式可以为社会变革带来一定的经济和精神效益。不同于传统的志愿者服务，"时间银行"引入有偿奖励机制，充分调动社区积极性。"时间银行"采用积分制或者时间货币这种无形资产，确保自身的服务性收益的同时，在与他人良性竞争中获得荣誉感，拉近邻里距离，传播社会正能量。

2021年8月13日，杭州市民政局关于印发《杭州市养老服务发展"十四五"规划》的通知：健全为老志愿服务机制。加快发展全市养老服务"时间银行"，以居家养老服务机构为支撑，整合社区多元服务资源，探索建立时间银行公益基金会或公益基金，构建形成运行机制完善、标准统一规范、全域通存通兑的长效可持续服务体系。杭州市西湖区蒋村街道引入"时间银行"的发展理念，嵌入未来社区建设，上线了"府苑数字生活社区平台"，助力未来社区的"数字邻里"场景探索，做到"时间互易、服务互置、数字互动"，提出"时间互易、服务互置、数字互动"的运作方式，升级"时间银行"，实现从养老服务向全面服务转型，打造社区服务全景模式。

"时间银行"是理念与关系的重塑。在未来社区邻里场景的顶层设计中，府苑社区突破了"时间银行"以"养老＋志愿"的传统模式，提倡社区居民无差别参与，所有的社区居民都可以成为志愿者，同时也是被帮助的对象。主要以户为单位，通过对时间的存储、流转、兑换，将单方面的给予变成双向的互动，从"你需要我"变成"我们需要彼此"，进而形成一种在合理制度框架下的刚性联结，最大范围地调动社区居民参与社区事务、邻里帮扶、社群活动的积极性，改善交往关系，重建社会资本，营造"出入相友，守望相助"温馨美好的氛围，落实美好生活理念。

"时间银行"是服务与场景的创新。府苑社区作为杭州主城区内一个拥有近 2000 户居民、常住人口超 5000 人的老小区，职业身份多元，年龄分布平均，社区内幼儿园、小学、社区卫生服务站、"嵌入式"养老院、公交车站、文化家园以及农贸市场等配套资源丰富。因此，软环境的提升，邻里、服务、治理成为建设的重点。团西湖区委引入"时间银行"的志愿服务运作模式（见图 4-6），依托府苑数字生活社区平台的数字"底座"，以及"志愿西湖"数字化改革应用场景，架设"时间银行"场景模块，自创"6+X"特色应用场景："接送帮"上下学爱心接送，"托管帮"孩童看护，"辅导帮"功课辅导，"快递帮"顺路代取快递，"陪护帮"老人陪伴，"宠爱帮"短期照料爱宠；"X"即"志愿帮"，根据居民特长自主申报，是对

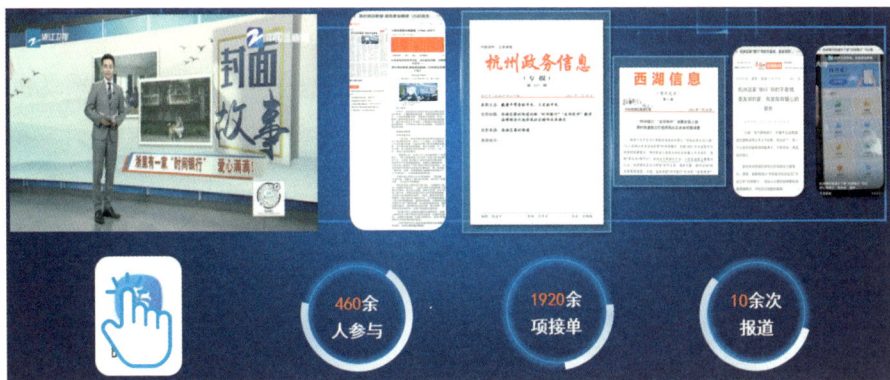

图4-6　时间银行创新小区志愿数智系统

其他类型的志愿服务内容进行补充，精准满足居民日常需求，以居民实实在在的生活需求建构社区志愿服务在场性。社区居民只要将自己的需求在平台上进行发布，其他居民看到后，视自身情况接单。

这种模式，以养老服务作为切入，扩展到整个社区层面的互相服务，将"时间银行"积分与接送服务、托管服务、陪护服务、宠爱服务等其他服务积分衔接，实现项目互通，能够吸引更多年轻人的加入，很好地解决了社区志愿服务老龄化难题，使时间积分在社区居民的互助中得到循环。而这种多元场景的服务模式，也并非一成不变，通过大数据分析，将会使高频需求成为可积分项目，低频需求为居民日常生活的互帮习惯，形成日渐完善的以需求为指向的精准服务场景。

"时间银行"是数智与效能的提升。开放共享的数智化平台是"时间银行"发展的基础。蒋村街道打通府苑社区智能化平台和西湖区"志愿西湖"两大门户，设置"时间银行"府苑专区，构建以志愿服务指标体系和以数据呈现、发布定位、响应情况等为核心的管理模块。通过各项数据的实时动态统计与可视化分析，完成精准化的需求对接和服务响应零延迟。同时，建立家庭积分模式，个人银行积分可为家庭成员兑换服务或交互为"志愿汇"益币，以"服务＋实物"的方式，在时间覆盖范围内通存通兑。并将商家、超市、物业等都纳入积分体系，从物质到精神明确志愿者礼遇。在信息安全方面，通过限定居民参与志愿服务身份、主动推送服务活动提醒、为志愿者提供免费保险、服务接单影像留存等举措，全面提升志愿服务安全等级。

"时间银行"这一创新模式具有较高的实践价值，具体表现在：一是突破了国内仅限于居家养老领域的"时间银行"传统模式，将其提升到社区全生活链的服务。参与主体也从社区志愿者，扩大到社区全体居民和社区商家联盟；二是确立了规范化服务流程。府苑社区"时间银行"依托社区数字化平台，快捷对接服务需求，建立了相对合理的时间积分体系和趋于标准化的工作流程，有效实现线上线下双邻里服务；三是优化了时间币兑换机制。在"志愿时"兑换基础上，叠加了邻里互助"服务时"，以时间币的形式，畅通了积分和服务、积分与产品之间的兑换渠道。

　　除府苑社区外，萧山"瓜沥"未来社区同样有着类似的尝试。居民通过"沥家园"平台参与到各项公共事务中，例如完成垃圾分类、平安巡防等公益活动和邻里互助任务，可以获得相应的积分，积分能在整个社区中的商户中使用。虽然整个过程并非以"时间"换取"时间"，但是在某种意义上说，都是"时间"的价值体现，这也成了"时间银行"的另一种展现方式。

　　以上二者都是通过这种智慧化手段，推动政府、社会组织、社会力量、志愿者多方合作，形成政府引导、多方共举、服务多元的数字平台模式，为居民提供方便、快捷、优质、精准、可持续的志愿服务。"时间银行"和积分制在社区志愿服务的实践中为其他未来社区提供了可学习和借鉴的模式和样板，下一步可从若干领域提档升级，形成可复制推广的标准化"时间银行"模式。

五、村社联动的共富联合体

　　浙江省对于乡村建设的模式探索一直处在全国前列，以《关于开展未来乡村建设的指导意见》（浙政办发〔2022〕4 号）印发为标志，全省上下着力探索"未来乡村"乡建新模式。未来乡村概念对标城市现代社区建设理念，立足乡村格局，注入先行理念，以满足村民美好生活向往为根本目的，以人为中心，以市场化、生态化、数字化、集成化为实现路径，在风貌环境上保持农村独特韵味，在功能服务上与城市协同，在邻里、村居、善治、双创、交通、教育、健康、服务等领域引领农村地区发展的现代化。

与过去的乡村建设活动相比，乡村未来社区最重要的特点应当是将关注点从乡村本身转移到村民生活上，以"人"为核心搭建乡村多元生活场景。例如温州市瑞安曹村镇坚持贯彻绿色、创新、协调、开放、共享的新发展理念，系统性推进未来乡村各类场景建设，达成三个"实现"的目标：首先是实现全镇村民均享收益，由 14 个村集体经济合作社联合发起，组建曹村进士旅游发展公司，注册资金 1000 万元，根据每个村户籍人口数量按比例入股，打造合作制性质企业。按公司制要求运行，建立共赢机制，盈利由全镇村民平均共享；其次是实现全域资源有效盘活，搭建四大平台。一是三次产业融合发展平台，与市域内各类旅游投资市场主体合作，打通三次产业融合路径。二是数字旅游运营平台，运维"智慧曹村"数字平台，开设"进士旅游"专门接口，推动多产业融合发展，成功实现年收益 100 万元。三是环境维护平台，承接绿化养护等服务，同时落实人居环境长效机制。四是农村人力资源服务平台，为村民提供就业机会；最后是实现发展内力全面提升，通过未来乡村建设，进一步提高了宜居水平，壮大了乡村产业，极大吸引了外出村民的回流。开展"乡贤圆梦乡亲"计划，有 30 个项目落地。乡贤牵线搭桥招引投资 1.5 亿元，建设"集宿小镇"南岙民宿集群等。

村社联动模式是指浙江省在探索"未来乡村"模式的路径中注重城乡融合、均衡发展的共同富裕理念，创新未来社区支持未来乡村的发展模式。

以嘉兴市为例，在践行以人民为中心的发展思想的基础上，围绕城乡生活场景，着力做好未来乡村的人本化、生态化、数字化文章，突出体制创新、区域联动、指导服务，在秀洲区王店镇先行试点未来社区、未来乡村融合发展模式，构建城乡全域连片更新、项目互联互通、资源共建共享的发展格局，高水平推动城乡融合发展、共同富裕先行。

首先是做好顶层设计，打通城乡融合新路径。嘉兴市建设局与农业农村局率先开展城乡风貌专班统筹下的未来社区、未来乡村联动，发挥市级牵头总抓作用，协调市、县、镇、乡四级人员力量，在秀洲区王店镇先行试点，选取解放社区和镇中村进行结对建设试验攻关，联合打通城乡交流共促渠道，形成了一整套行之有效的专班化推进机制，推动计划共谋、标准共融、试点共推、资源共享。同时，首次将《城镇社区建设专项规划》和《全域未来乡村规划》纳入统一体系编制，一张蓝图重构城乡空间格局，制定统一的城乡生活圈组织规划、公共服务设施布局规划等，尤其是民生工程和公共资源的均衡配置与互通互补。如解放社区累计投入 4000 万元将老五中废置校区改建成王店镇全民健身活动中心，接入"社区运动家"平台，与镇中村共享体育场景资源。此外，将数字化改革理念全面融入未来社区和未来乡村创建中，实施"一网统管"路径，打造了横向融合、纵向贯通、内部集成、多端协同的"城乡社区大脑"，全面打通数据壁垒，有效整合城乡管理资源，宏观掌控全域建设进展，高效提升社区运维能力，推进以大数据为支撑的智慧化、智能化社区场景在乡村高效落地，打造城乡场景互动典范。

其次是做优区域联动，推动城乡融合新提升。嘉兴市用未来社区理念推进未来乡村布局优化与有机更新，推动城乡要素自由流动，促进城乡空间重构，建立了"镇区空间小环线＋城乡联动大环线"的双环通道。一方面，在王店镇区打造集商业活力、文旅集市、生态休闲、行政服务等于一身的"镇区功能环"，塑造了从"现代楼宇"到"古朴市集"再到"历史街区"的建筑形态空间演变韵律。另一方面，优化王店镇解放社区曝书亭到镇中干四村的城乡通道，连通南梅村到建林村的乡间支路，打通城乡沟通渠道，实现从城到乡的空间连通。同时，以"高质量服务、高水平保障、高品质生活"为目标，统筹谋划城乡生活设施的均衡布局，加速未来社区"一统三化九场景"在乡村落地，实现公共服务和资源配置共享。同时进一步联动城乡生活圈，推动生活互通无边界，全域提升居民生活品质。如王店镇打造了"教育进城、研学入乡"教育互通路径，提供"校园巴士"班车上下学服务保障村中幼儿入学，并积极开展相关乡村研学游活动；打造了"医疗进城＋护理入乡"医疗共享路径，加强 5G 云诊室建设，定期开展医护下乡活动等。此外，嘉兴市也聚焦群众精神文化需求，建立城乡文化流动通道，打造经典 IP 串联城乡，唤起居民人文情怀，打通情感联结。王店镇创新建立以当地著名学者朱彝尊为核心的"品重梅溪"IP 系列，形成竹垞先生带领梅小隐、兰小生、竹小垞、聚小宝的师徒五人形象，彰显朱彝尊文化下的"四君子"形象——南梅村梅文化、庆丰村兰文化、镇中村竹文化、建林村菊文化，通过线上、线下运营，将形象融入景点建设，实现形象落地和城乡文化延伸。

最后是做强服务引导，实现城乡融合新突破。嘉兴市强化红船起航地的使命担当，把党的领导贯彻落实到未来社区、未来乡村建设事业的方方面面，整合城乡党建资源，努力把党的政治优势、组织优势转化为发展优势，在未来社区与未来乡村联动发展过程中开创了全域化党建新模式。王店镇创新社区党建，确保农业产业化高质量发展；推行城乡党组织联建，促进城乡融合；开启"智慧党建"新模式，推动未来社区、未来乡村新发展。为解决未来社区、未来乡村涵盖面广、专业性强且技术力量薄弱等问题，王店镇与长三角（嘉兴）规划设计集团开展全方位合作。嘉规院为王店镇提供规划编制、技术指标、项目落地等方面的统筹指导，破除城乡"二元结构"，推动工作落实。同时，按照"试点先行 + 全域铺开"的工作思路，积极谋划、周密部署，分批落实未来社区、未来乡村样板建设，发挥典型示范作用。由王店镇的"镇中首发—南梅、建林、庆丰形成片区示范—六村联动"的未来乡村格局，向全市铺开，推动全域未来社区、未来乡村联动发展，率先形成高质量发展建设共同富裕示范区的标志性成果。

宁波市象山县在探索未来社区与未来乡村共同发展的实践中也有突出的经验，通过构建起象山县数字乡村体系架构，推动城乡融合发展，促进"人""业""地"三者的城乡联动。未来社区与未来乡村通过数字名片实现线上社交、在线结对，拓宽结对渠道，丰富结对选择，节省人力、财力、时间成本和线下对接成本，快速建立起多头村社联盟；在结对后进行产业资源、旅游资源和文化资源的共享，促进乡村资源产品化，处在联盟中的未来社区可以获得专属优惠，再通过购买结对乡村的产品获得积分，达成双赢局面，助力共同富裕发展（见图 4-7）。

图4-7　象山县城乡村社结对

六、"一刻即达"的社区综合服务体系

一刻即达模式是指以 15 分钟步行范围为空间尺度，配置居民基本生活所需的各项功能和设施的"15 分钟社区生活圈"。自然资源部发布的《社区生活圈规划技术指南》对社区生活圈作了明确定义：在适宜的日常步行范围内，满足城乡居民全生命周期工作与生活等各类需求的基本单元，融合"宜业、宜居、宜游、宜养、宜学"多元功能，引领面向未来、健康低

碳的美好生活方式。社区生活圈践行的就是"人民城市人民建，人民城市为人民"的理念，通过打造生活圈，能够实现幼有善育、学有优教、劳有厚得、病有良医、老有颐养、住有宜居、弱有众扶，可以极大加强居民的认同感和归属感，从而达到共建共治共享的社会治理目标。

杭州市上城区杨柳郡社区充分融合"交通 + 商业 + 住宅 + 公园"的创新模式，构建"5—10—15"分钟生活圈，融合居民全需求，重点打造生活一张图，从公共服务、邻里生活、商业服务三个方向为居民提供全方位服务。

一是完善公共服务一张图，为居民需求保驾护航。以社区服务、党群服务双中心落地治理场景，打通服务的"最后一公里"；以社区内幼儿园小学、教育机构落位教育场景，为全龄段居民提供幼儿一站式成长中心、青年成长之家和活力老人颐乐学院；以东西公园、智慧健康站、未来健康屋和养老中心串联健康场景，实现"小病不出小区，养老不出远门"。

二是激活邻里生活一张图，为居民互动开辟空间。通过空间置换，打造以邻里 + 公益为核心的邻里客厅（见图 4-8）；以小区架空层和灰空间为基础嫁接不同功能需求；在好街架空层打造儿童休闲天地；将 6 个组团门厅改造为党群服务驿站，融入党建咨询、党建活动等功能；郡约广场、商业步行街等空间打造为邻里集市，为居民创业提供摊位和服务支撑。

三是优化商业服务一张图，为居民生活开创美好。杨柳郡好街为居民提供兼顾兴趣、教育、民生、医疗等类型的商业服务配套，众多商家来源于生活在这里、创业在这里的居民，同时将公益 + 社群的服务融入社区服务体系中。通过政府引导、社群激活、平台赋能等手段，构建生活合伙人体系，全面助力居民在地就业、在地创业。

图4-8 杨柳郡社区邻里客厅

    杭州市余杭区翡翠社区因高教路和五常大道自然划分成四个区，呈田字型集中分布。一方网格区块，都有对应的文化细分管理。"15分钟品质文化生活圈"就此在各个区块展开各有其鲜明的特色。

    东南区是翡翠最早的区块，以"邻里文化"为特色，是志愿者服务总队的发源地，也是17个社团的总部中心。在空间配置上，翡翠社区东南区设立了文化家园、党群文化服务驿站、文化长廊等；公益文化领域，设立颐乐学堂、共享书吧、共享厨房、舞蹈教室、乒乓球教室等；娱乐休闲文化方面，引入绿橙超市、绿城社区音乐教室、幼芽儿童中心等，强有力地丰富了社区居民的精神文化生活，是翡翠社区邻里文化的集中体现。

    西南区以"双创"文化为特色，将闲置多年的会所重新整治修缮和智能化升级，改造成为创业中心。不仅为创业企业提供政策发布及解读等一系列知识文化集成式服务，而且引入杭州知识产权运营公共服务平台，为创业团队提供知识产权一站式服务。同时，引进"余阅书吧"文化资源，为居民开展日常休闲阅读、亲子活动，还在书房内设置了惠民性水吧和咖啡吧，实现了空间的高效复用。二楼建设为共享办公空间，通过"秀丽翡翠"小程序线上文化服务，商务型业主可以在家门口办公、洽谈业务，实现空间错时的高效共享。西北区作为翡翠城最新交付区块，拥有众多新杭州人。"一老一少"成了翡翠社区文化新板块的创建落脚点。翡翠社区以老年文化和少儿文化结合的方式，打造老年康养中心和儿童之家。康养中心的建立为长者提供居家养老文化服务、中医文化服务，并在中心二楼与儿童成长驿站双向打通，真正实现代际融合的适老宜少型文化场景的落地，实现"老少适宜、医养文化双修"的局面。东北区主打"教育文化"，不仅有白洋畈幼儿园，还有舞蹈培训基地及主持口才文化培训、艺术培训等多个培训机构的设立。东北区的广场也是文化宣讲社区阵地，时常围绕居民交往及社区治理进行探讨，开展"百家宴"等娱乐休闲文化主题活动，构建"共乐、共治、共创"翡翠品质文化生活圈。田字型 "15 分钟品质文化生活圈"，节省了社区居民文化生活的时间、缩短了距离，更加深了情感、安顿了身心。

七、"关键小事"也是民生大事

　　为了切实落实未来社区人本化、生态化数字化理念，坚持以人为本的初心，坚持以数字化改革为引领，浙江多个社区围绕"一件事"和"关键小事"进行数字服务的推进，从细微处着手切实做好群众最关注、最直接、最现实的"一件事"，把好事、实事办到群众心坎上。这种"以关键小事为中心、以数智平台为连接、以服务人员为纽带"的社区服务体系也是一类社区数字化创新模式，这种模式探索和固化了不少成熟的经验和做法，把社区居民的身边小事干成了社会治理、深度融合城市管理精细化的大事。

以青年群体为例，杭州市拱墅区瓜山社区紧抓全省数字化改革试点的先发优势，结合实际找准青年人才服务"关键小事"小切口，集成融合未来社区九场景落地要求，做精"居住梦想""生活梦想""成长梦想"等应用子场景，推动线上应用与线下服务、普惠性服务与个性化服务相结合，实现社区整体智治和智慧生活，精心构建统筹一体、集约高效、开放协同的未来社区治理体系，打造有归属感、舒适感、现代化感和未来感的幸福家园。

这一数字化创新模式重点在于找准青年社区数字化改革"小切口"。瓜山社区项目实施单元为瓜山城中村改造保留农居整治部分，原有农户1079户。在对原建筑进行保留改造后，社区可为1.5万名青年人才提供8300余套公寓和10000方青创中心。当前，随着瓜山社区青年人才不断汇聚，在日常的运营管理过程中，治理管理"三大难题"逐渐显现：

一是流动人口治理管理难。作为全国最大的租赁型青年社区，瓜山社区5500余间公寓已开放入住，集聚青年人才7400余人，其中"杭漂"人员占比93%，涉及开放式商业街区4条，可招商面积4.2万㎡，汇聚人才公寓、商业商务、创意办公、酒店民宿等多元业态。因此，社区人口密度大、人员流动性大、安全隐患高，传统人工管理模式效率低下，给社区日常管理带来很大的挑战。

二是独居青年邻里社交难。68.1%的社区居民为独居青年，离开原生家庭，告别校园和集体生活，从熟悉的社会群体中逐渐剥离出来，亟须一个专业团队引导服务，满足青年邻里社交的需求，在交流碰撞中建立信任，发展情感，产生依恋，进而融入新城市，找到归属感。

三是社会新人创业就业难。社区居民 80% 以上为 90 后，70% 以上为企业白领，30% 为青年创业者、自由职业者，社区成员大部分均为刚进入社会的青年人，处于职业迷茫期，职业发展方向不明晰，就业形势严峻，急需就业创业方面的正确引导，满足青年个体发展和自我实现的需求。

针对上述痛点问题，瓜山未来社区梳理青年人才在杭州的居住安全、自我实现、情感归属需求，探索青年人才服务"一件事"综合应用场景。应用上线以来，人力管理效率提高 4 倍，长期居住比例上升 22%，服务总体满意度从 80% 提升至 91%，帮扶 70 余名就业人员，帮助 300 余名创业人员，构筑青年人才"强磁场"。

首先解决治理难点，实现"一件事"户户通，治理难点在哪里，"一件事"绣花针就落在哪里。社区构建了三维立体地图，汇集物联网智能感知设备资源。接入外围、楼栋 810 余路监控、40 个门禁、241 个指纹门禁、8314 个门锁等智能安防终端，形成社区安全立体防控网络，动态掌握管家、保安每日巡检情况，做到风险可溯、可防、可治和可控。同时，社区集成"AI 物联预警、物业每日巡检、居民需求提醒、平台交办处置"等异常告警事件，形成"事件发现、分析研判、指挥调度、处置反馈"的事件处置闭环。住区管理方面，可及时、动态、批量调度管委会、社区运营主体 130 余名人员力量，实现线上线下即时联动，管家事件处置效率同比上升 72%；商铺管理方面，集成社区 92 家商铺的租约管理、证照管理、业态类型等信息，为商铺经营者提供"审批、装修、经营"全周期。此外，社区还构建事件"上报、办理、催办到办结"标准化处置流程。对于 24 小时未办理的事件，自动生成超时预警；对于超过处理权限的事件，将流转到"基层治理四平台"。

同时，依托公寓内智能电表、智能水表、空气源热泵等智能家居设备，动态监测每个房间的每日用电量、用水量等能耗情况，对异常情况自动预警并通知管家上门摸排、消除安全隐患，实现当日事件当日办结。

其次打通数据堵点，实现"一件事"一网通，联动堵点在哪里，"一件事"数据流就通向哪里。瓜山社区创新"政府统筹、专业运营、居民自治"协同治理模式，打通政府、企业、居民三方数据，整合9400余套智能物联设备、社区居民人防大数据以及企业开放共享的海量数据。例如，在新冠疫情防控工作中，平台调用"浙江省疫苗与预防综合管理信息系统"数据接口，开展数据比对，共享受种者姓名、接种日期、疫苗名称及剂次等疫苗接种数据，确定未接种人员名单，提高社区疫苗接种工作的效率。同时，开发"瓜山未来视界"数字驾驶舱，按照"V"字形开发模型，围绕"青年人才成就梦想"一条主线，拆解"社区画像、事件中心、指挥调度、居住梦想、成长梦想、生活梦想"6项一级任务，并细化为未来邻里、未来教育、未来健康、未来创业等9项二级任务，并逐级细化至最小颗粒度，集成九大场景210余项核心数据，联动"城市大脑""城市眼·云共治""一体化智能化公共数据平台"等系统，整合"人房企事"各

图4-9 瓜山社区青年服务专属APP

要素，实现业务场景多跨协同，推动社区治理工作全部"入脑上线"。系统于 2021 年 6 月上线"浙政钉"数字社会门户。社区也上线了青年服务专属 APP（见图 4-9），实现智慧入住、悦享生活、创业创新、社群交友等服务的集成办、掌上办、便捷办。特设"智慧入住"场景，多维度对居民"立体画像"，实现社区服务"千人千面""私人定制"；引入"平台 + 管家"智慧服务，线上链接美食餐饮、美容美发、休闲娱乐、运动健身等商铺资源，上线社区快递、零售及餐饮配送，打造"社区—家庭"智慧物流服务集成系统。APP 签约激活率达 95% 以上、用户活跃度达 80% 以上，相关应用程序于 2021 年 10 月上线"浙里办"。

最后聚焦青年需求，实现"一件事"通未来，青年需求在哪里，"一件事"方向盘就驶向哪里。瓜山社区创新"活力指数"指标体系，通过"邻里友善度、创新创业度、生活健康度、服务满意度、公共服务力、社区组织力"六大维度 28 个定量指标，形成社区全域及 22 个生活组团画像，科学、精准、客观地评估每个组团优势和短板（见图 4-10）。同时将活力指数与奖惩制度、邻里信用挂钩，活力指数的排名决定管家考核排名和居民福利分配。运用该指标体系后，管家主动为居民送关怀，自发组织组团睦邻活动，居民投诉件数同比下降 39%，700 余名青年人主动参与慰问老人、反诈宣传、疫情防控等志愿者活动中，形成青年自治良性循环。社区联合新视听、大疆创新等教育机构，为居民提供提升技能和学历的网络教育资源；联动猎聘搭建瓜山未来社区云聘会，汇总企业最新招聘需求，为求职者提供就业分析报告，匹配名企内推资源，提高面试成功率；向社区新注册企业的青年推送青创七条政策信息，精准推送配套办公场地、人才租房补助等扶持政策，变"人找政策"为"政策找人"。2021 年 10 月，承办团市委"星空下的招聘"

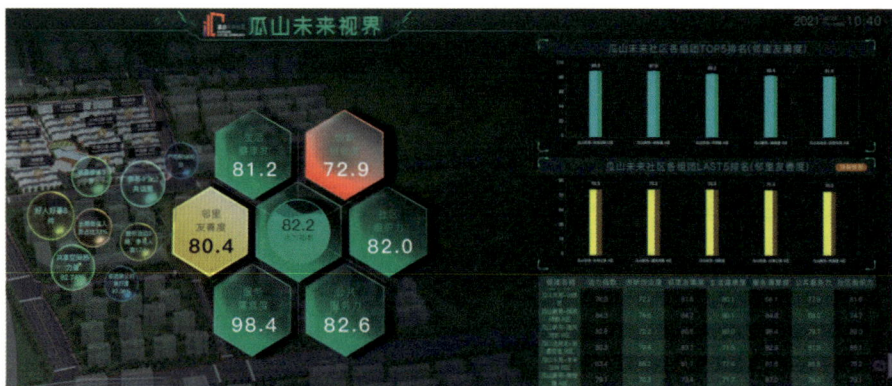

图4-10　瓜山社区"活力指数"指标体系

大型现场招聘会，1500余名青年人参与现场招聘；积极组织青年代表，青创社团参观顺丰创新中心、198文创园等场地，与园区企业交流创业经验。瓜山社区针对城市独居青年人群，调研青年年龄、性别、兴趣爱好、就业意向等标签，形成社区青年画像，通过画像精准匹配组团联盟、兴趣社团，推送相应主题活动，同时积极与浙大城市学院、顺丰创新中心等组织开展团建共建，形成跨组团、跨空间的"大邻里"概念，打造活力社区。瓜山社区已组建国风社、电竞社、动漫社等17个兴趣社团，打造诗友达人库，挖掘了15名有才艺、有技能的社区KOL，不定期开展街舞快闪、电竞直播、动漫COSPLAY、剧本杀等百余场活动。

八、"无疫单元"精密智控

基层是疫情防控的第一道防线。"无疫单元"是指社区积极发挥党组织和党员作用，进一步建强指挥体系、完善工作机制、科学调配力量、织密建强组织体系，从而优化最小单元防控。各街道、部门、平台等积极响应、迅速行动，从严、从细、从快落实各项疫情防控工作要求，进一步筑牢防疫"壁垒"。

例如，在新冠疫情期间：为全力保障疫情防控，临平区南苑街道以龙兴社区省级未来社区创建为契机，开发龙兴社区居民智慧服务平台，上线9大主要服务模块，围绕疫情防控，重点对"党建引领""未来治理""未来服务""未来健康"等模块功能进行延伸，并实现与区级"数字驾驶舱""网格疫管通"等平台数据互通、服务共享，切实为精密智控提供未来社区"云战力"，全力打好新冠疫情防控阻击战。

首先是建强"智慧底座"，推动社区基础排查快速有效。一是建立数字社区。依托数字驾驶舱基础建设龙兴社区智慧服务平台，将社区范围内所有人、房、企、事、物等建立数字世界虚拟影像，对龙兴未来社区辖地内的4个居住小区、2858套房屋、7128名实有人口、72家企业、152个物联设备等基础信息实现数字化、可视化呈现，达到"一屏可观、一目了然"，大大提升新冠疫情精密智控水平。二是导入数字社工。在"未来治理"模块引入邻里治"数字社工"平台，围绕防疫政策宣传、疫苗接种提醒等内容，有效利用AI语音外呼和短信触达等多种方式，将疫情防控最新政策要求、疫苗接种和核酸检测提醒等信息点对点精准通知到居民手机端，缓解了社区工作者人工压力，实现更多的精力投入到人员排查管控中。平台累计通话12300余人次，节约人工通话时长近300小时，短信发送15000余条，极大地缓解了社区工作压力。三是推动云上宣传。未来社区智慧服务平台配套开发了移动手机端微信小程序"龙兴2049"，通过小程序将疫情重点地区划分情况、相应的管控措施、"来临宝"来临返临人员自主申报程序、居家健康管理"九个一"标准等防疫信息一键推送至居民，以便居民实时掌握有关信息，配合社工及时有效落实排查管控。该小程序应用至小区居民 6442 人，覆盖率达到 90.3%，阅读量达到 93%，打破了传统社工跑楼宣传方式，以云效率为社区减负增效。

其次是全程"智慧管控"，推动居家管控严格严密。一是数字化管理居家人员。依托临平区"网格疫管通"，对每一位社区居家管控人员建立电子档案，对纳入管控人员建立关联街道干部、网格员、基层医务工作者、民警、志愿者等账号，对管理情况实时更新，5 名责任人对管控人员"五包一"情况随时查看，提升管控精度。2022 年，社区平稳有序开展 61 名需纳管人员服务管控工作。二是清单化建立工作任务。设置重点环节提醒，对每一位居家管控人员形成"人员新增、核酸检测、阶段变更、管控解除"等任务清单，社区管理人员按照系统清单，进行跟踪管理，确保管控不落步骤、不拖时间、不错人员。如，每一位居家管控人员需在不同时段进行上门核酸检测，系统将自动排定检测日期，并自动提醒责任医生和网格员上门采样、线上确认并上传检测结果，极大减少了社区及医务工作者工作时间、沟通时间。三是智能化落实人员盯控。针对居家管控人员异动情况，街道对每个居家管控对象安装一套"云门磁"+"摄像头"的远程监控设备，管控人员一旦离开住所，家门开合自动声光报警、语音提醒，异动情况实时上传后台，管控责任人第一时间收到通知进行上门核查处置，减少了社区盯控力量。自"疫管通"平台累计推送任务提醒 82 条，处置异动预警 351 条。

最后是突出"智慧服务"，及时响应群众需求，服务保障暖心入微。一是党员"一呼百应"。充分发挥社区党员人头熟、情况熟、组织协调能力强的优势，社区 397 个党员全部下沉至 134 个单元楼道，实施联楼包户，画好党员"责任田"。通过未来社区智慧服务平台"党建统领"模块，联楼包户党员快速联动，接收到"防疫任务"后快速响应，到岗到位，迅速投入社区全员核酸、全员抗原、小区值守等工作中，仅龙尚府小区 3 小时就完成了 2215 人次核酸采样送检。二是群众"一键参与"。"未来服务"模块搭建一体化互惠邻里积分应用系统，通过"龙兴 2049"微信小程序实时发布生活物资采购配送、卡点值守等疫情防控志愿活动和任务，居民完成任务可以赚取相应积分，激发党员居民公益参与和邻里互助内驱力，发布活动 18 场次，参与人员 380 人次。同时吸引更多的社会单位，通过积分兑换实物和服务的方式，扎实做好疫情防控物资保障。三是服务"一求即应"。居家管控人员可通过"龙兴 2049"微信小程序"报事"模块反映问题和需求，社区第一时间进行交办处置，并将处理结果反馈到人。同时，"未来健康"模块对独居老人、孕产妇、残疾人、慢性病患者等特殊人群，进行分类标签重点管理，提供分类就医、救治绿色通道、上门送药、外出就医等关心关爱服务，切实高效的数字治理彰显管理温度。

九、"数字家医"智慧医防融合模式

"数字家医"是指为向社区居民及患者提供更贴心、便捷的就医服务和享受家庭医疗服务的渠道，结合移动互联网＋医疗健康发展思路，服务优化再升级，打通公共数据平台和卫生健康信息平台，与医疗机构业务系统互联互通的线上诊疗和疾病预防系统。通过数字家医平台，医务人员可以为社区居民及患者提供在线随访、家庭医生在线签约、居民健康档案在线建档等医疗服务。

为进一步加快落实数字化改革要求，宁波市鄞州区积极推进"鄞领健康"未来社区健康场景系统迭代升级，利用大数据技术打造个人健康画像。目前，数字家医系统以健康画像为基础，实行大数据驱动下的医防融合模式创新，

提供精准医疗健康服务。

一是"健康画像"全人群精准分级，实行量化标识。鄞州区各未来社区按季度、年度发送个人健康画像。"健康画像"不是一幅画，是一份综合健康评估报告，是以个人健康为核心，将个人医疗数据与生活数据相结合，从全生命、全生活、全数据等维度出发，融合数据与算法能力建立健康评估分析、疾病风险预测、个人健康教育三项功能。帮助个人全面了解自身情况、掌握健康数据、治病于未发。截至 2022 年 4 月，全区已发送部分市民的 2021 年度、2022 年度第一季两轮健康评估报告，共计 250 余万份。

二是"健康画像"精准定位高危人群，开展慢性病筛选。基于个人"健康画像"，系统依据评估结果触发干预措施，向个人精准提供健康管理提示。东部新城社区卫生服务中心开展慢性阻塞性肺炎筛查，慢病科工作人员利用"健康画像精准服务"模块快速筛查慢阻肺的高危人员即慢性支气管炎患者，通过系统排查辖区共有 500 余位慢支患者，工作人员即向个人发出慢阻肺筛查健康管理提示。原本家庭医生需要一周排查的工作量，现在五分钟即可实现服务通知送达，同时疾病筛查对象也更为精准高效。

三是"健康画像"精准定位重点疾病，提供精准医疗服务。例如，新冠疫情期间通过健康画像的人员健康特征标识，平台迅速排查"三区"范围内透析患者、肿瘤患者、孕产妇等重点人群，动态监测健康状况，为急危重症患者开通绿色通道，为特殊需求群体对接定点医院，高效率保障了"三区"内特殊人群的健康保障。健康画像的应用提高了临床诊疗的服务水平。医生可以提前了解到该患者可能出现的问题，对一些疾病进行预判，精准定位医疗需求。例如，东部新城社区卫生服务中心每周都有医共体牵头医院的心脑血管科、妇科、神经内科、呼吸科专家来基层坐诊，工作人员利用健康画像精准服务功能向辖区内曾被诊断过心脏病、高血压、心肌病等心脑血管疾病患者提前推送医共体专家基层门诊时间，以便高危人群及时得到专家诊疗，提高精准医疗供给。

同样地，葛巷社区也打通省、市、区三级医疗健康数据，通过建设智慧健康站打通健康服务"最后一公里"，坚持"健康大脑 + 智慧医疗 + 未来社区"模式，以家庭签约医生服务为主线，不断完善两慢病人群的社区健康管理，打造智慧健康站。未来健康小屋、5G 云诊室、5G 云药房的应用，让城市居民生活更美好，实现家门口的智慧医疗，具体有以下措施：

一是提升硬件条件，让医疗服务更智慧。根据慢病一体化门诊流程要求重新规划空间布局，打造温馨、人性化、现代化的智慧健康站。配置"红外热成像测温"设备，实现非接触下人证比对、绿码核查、体温检测的场景应用。借助物联网 5G 技术，用无人机配送检验样本，在家门口享受快捷、优质的检验服务。配置四级远程会诊系统，实现名医名院零距离服务。配置 AED（自动体外除颤器）设备，与 120 指挥中心互通，实现精准定位下的急救和转运。

二是打通数据孤岛，让数字家医更贴心。打通省、市、区三级医疗健康数据，医生接诊时可以查阅居民在区内所有医疗机构的就诊记录和报告，包括省市的检验检查报告并提供报告打印服务，还可以查阅居民健康档案、健康画像等情况。通过数字家医服务，签约居民可以享受在线签约、健康咨询、健康管理、评估报告等服务；家庭医生可以为签约居民提供健康指导、健康评估、精准转诊、慢性病复诊、药品配送到家等服务。

三是拓展自助服务，让医疗服务更可及。建立"自助云诊室"，配备云诊室和自助药房，方便居民在卫生服务站下班时间通过"自助云诊室"

与家庭医生或线上医生实时联系会诊后，自助购买应急药品。引入智能版心理机器人，通过自助评估和线上干预，为居民提供数字智能化心理服务。

此外，冠山社区还以人本化、生态化、数字化为价值坐标，积极探索"未来社区卫生服务站"建设，为辖区居民提供更优质的全生命周期卫生健康服务。预检自动化：在冠山社区卫生服务站导医台，有一台"智能预检分诊"机器人，支持身份证、市民卡"无感验码"，全程零接触就可以自动测量体温；诊疗智能化，守护健康全天不间断：在冠山社区卫生服务站的智慧健康站内，居民可随时自助进行血压、体脂、身高、体重等8项身体健康数据测量，数据可实时采集到区域卫生信息平台与大数据中心，如有异常体征数据，系统会及时发送预警信息至居民签约的家庭医生，方便医生及时掌握签约居民的健康状况。

依托区域卫生信息平台与大数据中心收集的数据，社区医生会在医养护签约平台提供慢性病连续处方，并通过智慧云药房将药物配送到家门口，让患者少跑腿。冠山社区卫生服务站重建运行2个月以来，累计为周边居民开具慢性病连续处方5748张。除此之外，冠山社区卫生服务站还设置了云诊室，居民可与涵盖十二大专科的"AI"家庭医生团队随时开启智能问诊、分诊，处方药也可待医生开具处方后，在自助药柜中买到。与普通的"互联网线上诊疗"不同的是，这里的24小时诊疗有线下支撑，居民能直接连线街道卫生服务中心24小时值班的急诊医生，特别是深夜遇到突发情况时，居民通过云诊室，就能联系到就近有资质的医生。冠山社区卫生服务站建成了智能慢病一体化诊室，提供远程诊疗和转诊服务，实现名医名院零距离。诊室配备智能电话远程会诊系统、心电远程会诊系统，打造"社区服务站—社区卫生服务中心—紧密医联体"三级远程会诊模式，一站式解决居民健康需求，让患者享受"家门口的专家资源"。

第四节　以三大特征为核心

目前浙江省未来社区建设与数字化改革已从理念普及、初期试点阶段进入到实践落地、推广复制的新阶段，同时在数字化赋能未来社区的实践上取得了一定的成绩，根据上述九大数字化创新模式的具体措施和现状，本节进一步提出浙江省未来社区的三大数字化核心特征。

一、空间数字化

浙江省未来社区的第一大数字化特征是技术赋能虚实共生，打造社区数字空间。通过聚焦数字化价值坐标和"三化九场景"，以现实社区为基础，叠加城市大脑的各项功能、未来社区的规划、建设和运营全过程数字信息，将社区的空间结构和功能载体以可视化的手段呈现在数字化平台上，由传统的以"物理空间"和"人类社会"为主的二元空间向"物理空间 + 人类社会 + 信息空间"三元空间发展，实现物与物、人与人和人与物的充分连接，建成虚拟社区和现实社区的结合共生的数字孪生社区，同时落地城市大脑应用，通过"数据融合 + 资源聚合 + 力量联合"构建虚实交融的数字孪生社区，破解社区空间资源的精细化管理、配置、利用难题，建设空间"智治"平台。

其中，瓜沥七彩社区坚持"边建设、边运营、边总结、边迭代"的螺旋式发展理念，通过数字孪生技术形成完整的社区信息空间。在规划阶段，汇聚社区规划单元自然资源、社会政务和设施配套等数据，依托 CIM 平台优化视觉体验，以三维可视化方式辅助用地功能、流量运营和数字场景等规划决策；在建设阶段，依托 BIM 咨询体系筹配套技术标准规范、应用组织体系和应用保障措施，集成设计施工一体化模拟应用，实现集群项目协调管控，营造了一批符合数字化时代居民特征的社区新基建；在运营管理阶段，以空间三色数字孪生运维平台为主，全面融合和赋能九大场景，联合物业服务、信用积分、应急处理和健康管理平台，全景式管理社区的惠民性、公益性和商业性空间，将数据资产的价值最大化。冠山社区搭建社区 CIM 数字化建设平台，设智慧社区服务平台、智慧城市信息数据平台，打造实体建设和数字建设"孪生"社区，该平台通过 CIM 技术精确还原建筑物，复刻小区物理空间至线上空间，结合独居老人报警系统等开发了"呼叫一键达""服务一键通""群租一键查"等新型基层治理场景，实现小区救火抢险指引、电梯报警指示等功能。同时，社区数字平台对居民实行数字标签化，通过年龄、性别、学历等基本属性以及各类特殊属性的标签进行全面梳理和档案管理。平台已接通公安、交警、消防、社发、民政、天然气和电力等区级职能部门数据，归集 20 个人口信息标签、2684 万条数据。由此可见，数字孪生技术应用，促进社区向 "人本化、生态化、数字化"的未来新型城市功能单元的方向升级。

二、服务共享化

浙江省未来社区的第二大数字化特征是多主体协同参与共建，提供社区共享服务。浙江省未来社区充分发挥党建引领作用，搭建党建引领与多种模式创新相结合的"1+N"服务体系，积极探索"平台＋管家""公益＋积分""标准＋个性"及 "数智服务联盟"等模式，强化社区共同体角色，引导居民、企业和社会组织等多主体高效协同提供多种优质的公共服务，促进多方之间的共建共治共享以共治促共享，激发参与"智治"动力。

例如海珀未来社区综合党委通过强化社区党支部的核心堡垒作用，打造社区到小区、小区到楼道、楼道至居民户的无缝连接纵向组织架构，总体形成横向到边、纵向到底的未来社区党建体系。通过"小网格"激活"大治理"，围绕群众关心的民生痛点、社区难点问题，实现矛盾化解在小区、民生保障在网格、基层服务在社区的治理格局；翠苑一区社区在党建引领模块建设中将党史学习教育贯穿始终，通过党员亮身份、亮服务数量的亮化和量化，诠释"红色基因"传承理念，"看一看"通过 VR 手段对微型党史学习教育馆进行可视化呈现、"听一听"通过扫描二维码播放收听习近平总书记在翠苑一区的足迹以及重要讲话，"学一学"通过线上、线下两种答题方式探索可触摸的寓教于学、寓乐于学的互动模式讲好党的历史和红色基因在一区的变迁；"亮一亮"通过给社区党员打上党员标识，亮化党员身份、"秀一秀"通过设置"光荣榜"，每月根据积分总数对前十名党员进行表彰，且定期上传先进事迹讲好一区现在发生的红色故事；瓜山社区以瓜山未来视界智慧服务平台与公寓管家联动的方式，服务 APP 签约激活率达 96.27%，用户活跃度达 80% 以上，创新社区物业服务机制和运营模式的同时也增强了居民黏性；杨柳郡社区建立了"共享客厅"和 WE 志愿小站，由多家商业结构、70 多家商铺和社区内 12 个居民共享空间共同组成服务联盟，推进社区居民与企业、社会组织内外联动；冠山社区作为滨江具有典型性和代表性的本土文化和创新文化融合的社区，参照社团、社群的模式建设场景，成立社会组织 18 家，与辖区 12 家单位形成共建联盟，2021 年以来开展各类共建共融文化活动 50 余场，让原乡人、归乡人、新乡人在此"记得住过去、看得见未来"；府苑社区推出"时间银行"、瓜沥七彩社区通过"服务换积分，积分换服务"的机制，充分调动居民参与公益事业和志愿服务的积极性，也将共同富裕变成了一种可感知、可参与、可贡献的现实体验。上述实践说明，未来社区建设具有普惠性，聚焦提供均等、共享的公共服务，加速政府、居民、社会等多方主体的协同参与，是推动未来社区建设的动能，为推动数字社会发展提供了宝贵经验。

三、政策精准化

浙江省未来社区的第三大数字化特征是数字赋能和制度重塑融合，实现政策精准执行。浙江省未来社区以技术为支撑、以制度为载体，用数字化手段重塑社区治理制度，打通信息孤岛，加快数据实时交互，推动基层事务高效协同和流程再造，同时通过数据赋能和多跨协同，打造"五个一"社区治理新模式，即信息一屏掌控、应用一网联通、业务一机通办、需求一键智达和数据一表录入，切实精准地把政策落实好、落到位，增强老百姓的获得感、幸福感，打造硬核"智治"成果。

以葛巷社区为例，通过打造居民用户端、物业管家端和社区管理端的集成平台，在一个"数字驾驶舱"中实现各类服务数据库的互联互通，基于街道数字仓联通一体化智能化公共数据平台、城市大脑、街道"基层治理四平台"等数据，以场景需求为导向，加强数据治理，不断丰富数字仓主题类型，形成事件类别及处置流程设置、事件上报、事件处置、事件评价业务闭环，如结合街道数字驾驶舱与基层治理四平台融合试点优势，在葛巷社区落地"网事警情"联动治理智慧平台，打造线下"网事警情"联动治理工作站，实现线上线下、数字赋能基层社会治理；冠山社区联通智慧服务平台开发"冠山邻聚里"APP，集成各类惠民应用实现"一窗全科受理"模式，APP 内"直通码"集民意直达、处理进度可视化和评价考核于一体，让民生诉求建议意见"码上直达"所在区块的网格社工，真正在百姓群众与管理部门之间建立起"民意直通车"，结合责任居民、楼廊自治，促成居民从治理对象到治理主体的转变，促进社区联结居民实现"互动式治理"；红梅社区推广"一表通"应用场景，通过数据一体化集成、表单简化填报和动态更新完善，重塑基层表单报送、数据更新和基层治理机制，为社工减负、增效和提能；良渚文化村社区充分结合打造居民和社区平等对话的数字平台，通过"线上议，线下决"的形式实现居民一键上报和物业、社区处置流程透明化，理顺社区与各部门业务流程和反馈机制；翠苑一区社区依托翠言堂打造线上居民议事厅，居民有矛盾调解需求，可以线上向社区提出调解需求，线下进行调解，并且通过线上投票、问卷调查等方式搜集居民反馈，用更为便捷的方式让更多居民有机会参与到社区建设中来。总结上述实践，就是通过技术和制度融合促进社区管理更精细、政策落实更准确，为未来社区治理现代化创新提供路径。

第5章

从"新"出发，深化改革攻坚行动

党的二十大报告提出，"发展壮大群防群治力量，营造见义勇为社会氛围，建设人人有责、人人尽责、人人享有的社会治理共同体"。未来社区模式就是"社会治理共同体"的有益探索，未来社区的实践发展大体上经历了一个由"单一"到"综合"的发展转变进程，多地结合自身特色不断推陈出新的探索让"未来社区"的理念逐步清晰化，未来社区不仅仅是基层治理的最小单元、现代城市的神经末梢，更重要的是要依靠智能化手段深化改革，推动构建新时代的社区共同体。

虽然浙江的未来社区实践探索为数字赋能基层治理创造了可复制、可推广的经验，但为切实解决好未来社区在加快形成普遍形态过程中凸显的瓶颈和短板、高质量推进浙江省未来社区和现代社区建设、进一步打造共同富裕示范区和"重要窗口"，同时为加快未来社区从试点转向全域建设，需要进一步加强顶层设计的创新性、部门协同的可协调性、机制保障的可操作性。为此，本章分别从增强对社区居民的需求感知、缩小特殊群体数字鸿沟、打通数据壁垒、优化资源配置、调动市场参与积极性、营造公共文化空间、构建数字指标评价体系和深化社区业务流程再造等多个社区服务与治理的不同方面提出具有可行性的六大建议。

第一节　落实量体裁衣，增强社区"数字体征"感知

一、精准识别需求

未来社区应当问需于民、问计于民、问情于民、问效于民，要量体裁衣，提供更具精准性、个性化和温度感的服务，将人民视角和"以居民为中心"的理念与社区数字化建设深入融合，从用户感受和体验出发创造价值以获取用户认可和支持，并在此基础上优化公共服务和公共产品的供给过程，使传统的管理导向逐渐转变为用户驱动的治理。最终，基于真实的需求导向和问题导向，提升居民的满意度和幸福感，建成一批"合身"、适宜、友好的未来社区。此外，还需要推动新的内需发掘、新的技术应用以及新的治理组织变革。

浙江省发展和改革委员会课题组在 2021 年对浙江各地居民群体展开针对社区生活的广泛调研，调查结果反映居民对于社区的主要关注点集中在交通出行、服务设施、公共空间、养老服务和智能化水平等领域。调研问卷反映出社区居民的七大需求，第一是住宅产品设计多元化需求，其中老年公寓、人才公寓等特殊住宅类型需求较高；第二是新型服务升级需求，

包括文化教育服务、线上运维服务、养老服务、医疗服务和健身娱乐服务等多个方面，体现出居民对于生活品质提升的切实关注；第三是社区就业创业需求，众创空间、就业辅导和各种创新扶持政策支撑等亟待完善；第四是社区交通改善需求，停车难、道路拥堵等问题仍然是居民社区生活的痛点；第五是市政配套改善需求，社区居民对于能源配套设施、物业服务和安防系统等关切颇多；第六是生态环境优化需求，社区居民对于绿化建设、垃圾分类和环境管理等方面也有一定的诉求；第七是邻里文化增进需求，社区居民对于社区文化设施、文化服务、邻里活动有着较大的需求①。

　　社区建设和发展涉及居住空间、公共服务、交通出行、生态环境、人文培育等诸多方面。这一调查反映出的居民需求对于进一步促进未来社区发展具有重要的启示，即探索未来社区新人居建设需要精准识别居民需求，只有切实从居民需求出发，才能在建设和发展过程中实现群众最大获得感。因此建议对未来社区目标人群进行深入的需求调研，提供据此得出的业态定位建议、业态分布建议、空间规划建议，作为未来社区方案规划的主要参考和指导。以需求为导向，对不同生命周期的居民群体进行精准画像，找准需求的共性和差异，从而高效识别、梳理和整合需求，打造精细化、差异化、全面化、动态化的高质量服务体系，满足个体颗粒度需求。首先要重视数字公益对社区的重要作用，通过数字化技术打造透明高效的公益数据，建设普惠、共享、可持续的公益生态，推动社区公益服务在共同富裕中发挥第三次分配的作用。其次要精准识别不同类型社区居民的需求，并紧紧围绕这一需求采取差异化的数字改革策略，以实现不同场景和模块

---

① 浙江省发展和改革委员会 浙江省发展规划研究院 . 未来社区：浙江的理论与实践探索 . 杭州：浙江大学出版社 ,2021.

的数字转型。例如，对于旧改型未来社区，可以利用数字技术识别并升级社区原有的基础服务。比如，打通数字政府"最后一公里"，通过搭建数字平台制定公安、消防、城管、安监、卫计、环水等职能部门参与社区治理的基础"服务清单"，完善业务标准流程，构建业务协同模型、数据共享模型，筑牢社区数字基底。对于新建型和整合更新型未来社区，在满足社区基本数字设施的基础上，应该根据社区的功能属性和社区主要人群的重点需求，借助数字技术在基础服务模块上适当增加个性化服务模块，因地制宜构建多跨场景应用，推动社区数字功能组件化，加强其可复制、可推广、可运营性。

二、缩小数字鸿沟

未来社区是数字社会改革成果最终落地惠民的关键载体之一，形成数字社会基本功能单元系统，打造社区数字生活新空间势在必行。伴随数字化建设成为未来社区实现"宜居"的重要方式，数字化建设应根据居民需求而有所变化，其中最重要的是要充分考虑未成年人、老年人、残疾人等群体的基本需求，未来社区要实现更大范围、更多人群的利益，需要特别关注老小等"弱势人群"，主动落位"弱势人群"需求空间，使得资源分配更公平，将数字化建设进行无感化改造，尽可能消除他们的"数字鸿沟"。

首先建议社区加强信息交流无障碍建设，根据一老一小和残疾人的使用习惯，提供更加人性化、适老化和无障碍的服务，打造出老年人也能信任和轻松使用的社区各类设施和应用场景。其次应当积极扩展数字化支撑下的线下服务功能，支持社会组织、社会工作者、志愿者等为老年人、残疾人提供专业化、特色化、个性化服务。同时也要积极组织开展以智能技术运用培训为主题的志愿服务活动，提升老年人运用智能技术方面的获得感、幸福感、安全感。例如社区可以组织智慧助老公益课堂，为老年人提供手机实用操作教学，帮助老年人更好地融入智能社会，享受科技发展带来的"数字红利"，从而提高老年人生命质量和生活品质。

未来社区建设过程中不仅要缩小老年人、残疾人的数字鸿沟，也要缩小城乡数字鸿沟，通过未来社区支持未来乡村振兴战略，推动共同富裕与数字化改革双向赋能。共同富裕背景下的未来社区和为未来乡村建设要更加突出"缩小城乡差距"的时代使命，突出城乡公共服务优质均等、打造物质精神双富样板、缩小城乡数字鸿沟三个方面，处理好"富口袋"和"富脑袋"的关系。其中未来乡村是美丽乡村与数字乡村建设的结合与深化，是打造共同富裕示范区的重要成果。

未来社区与未来乡村应当加快完善城乡要素对流机制，准确把握城市对乡村需求变化的新特点及其对乡村价值提升、多维度发展所带来的新机遇，重点是不断深化"两进两回"行动，促进城乡要素自由流动、平等交换和公共资源合理配置，在乡村形成人才、土地、资金、产业、信息汇聚的良性循环。同时，也应当以征集民意、分析民意为重要工作基础，以满足群众生产、生活的实际需求为导向，差异化设置适宜乡村发展的场景，与未来社区的数字化体系结合。

第二节　稳固数据底座，完善数字赋能体制机制

一、促进系统联通

社区是一个由多方主体构成的复杂微系统，数据信息的融合共享，有

利于促进社区各主体的协同发展，要想真正构建好基本单元数字化体系，需要建立部门协同和省市县联动的机制。

首先，要着力推进多跨协同应用，加快实现省市县三级数据贯通与应用集成，部署实施标准化、轻量化、可复制的社区智慧服务平台，提升基础设施运行效率和服务能力。在平台升级和优化资源配置的基础上，形成低本高效、共建共享、"平台＋应用、治理＋服务、标配＋选配"的未来社区数字化全域推进模式。

其次，要通过推进各层级、各部门信息系统和数据平台的构建，将社区安全监控、公共卫生事件预警、社会服务查询、政府信息公示、居民信息统计等与市政、城管、环保、住建等各个社会管理相关部门的数据平台的接口进行匹配，从上而下打通基本的政府公共数据瓶颈，形成统一的基层数据收集格式，提高数据的共融互通性，促进跨层级、跨系统、跨部门、跨业务的协同管理和服务，切实打破部门之间的"数据藩篱"，实现系统互通，减少社工的重复劳动，全面支撑社区复杂的管理服务工作，真正实现数据实时共享，提升社区治理信息化水平，提升群众的"数字满意度"。例如制定安监、消防、城管、卫计、公安等职能部门共同参与社区治理的任务清单，构建标准流程，形成业务协同、数据共享的模型。

同时，要将过去各自为政、各行其是的"稳态"信息系统，打造成全程全时、全模式全响应、"牵一发而动全身"的"敏态"智慧系统，围绕数据编目、归集、治理、加工、共享开放、使用评价等数据全生命周期，开展公共数据全量全要素归集、一数一源一标准治理、分类分级、场景化加工、应共享尽共享、授权运营开放工作，构建数据高质量供给体系，提升平台好用性、用户会用度、应用必用率。

最后需要强化评价监测引导，进一步拓宽数字化社区标准应用范围，在社区多种公共设施建设和服务提供等方面构建省级评价标准，深化指标体系的科学性和实效性，全面系统地掌握各未来社区数字化建设发展情况，为地方决策提供有价值的参考。

二、赋能各类场景

首先要按照"顶层设计、迭代升级、增量开发"推进模式，围绕"高频、迫切、共性"原则，开展重大需求分析，谋划建设一批多跨场景应用。例如通过打造多能协同低碳能源体系，构建社区综合能源系统，创新能源互联网、微电网技术利用，推广近零能耗建筑等营造绿色、环保、健康、安全的未来生活场景；运用智慧数据技术，集成社区快递、零售及餐饮配送，打造"社区—家庭"智慧物流服务集成系统便民惠民社区商业服务圈；建设无盲区安全防护网，围绕社区治安，构建设界、控格、守点、联户多层防护网，应用人脸识别等技术，推广数字身份识别管理；搭建社区"双创"空间，结合地方主导产业培育，按照数字经济、文化创意等领域特色创业需求，配置孵化用房、共享办公、家居办公等"双创"空间，配套共享厨房、共享餐厅、共享书吧、共享健身房等生活空间，营造社区创新创业良好生态；推广可穿戴设备等智能终端应用，探索社区健康管理线上到线下模式，促进健康大数据互联共享。创新社区健身服务模式，科学配置智能健身绿道、共享健身仓、虚拟健身设备等运动设施，同时支持"互联网＋护理服务"等模式应用，通过远程诊疗、人工智能诊断等方式，促进优质医疗资源普惠共享。

其次要完善社区"家庭画像"，建立"家庭日志"。在确保安全的情况下，通过物业、商业、社交平台等渠道，加速居民消费习惯、兴趣爱好、工作节奏、社交群体等深度且有价值数据的采集。可对物业、社区商业、社交媒体平台上沉淀的居民行为数据进行深度挖掘，制定与政府数据互通的有效留存机制，如开发基于社区服务的电子业主卡，深入了解居民需求；参考日本"编织之城"模式推进自动控制网络与互联网的互联，推动建筑物、车辆和居民通过传感器相互沟通，创新街区道路分级、慢行交通便利化设计，倡导居民低碳出行，通过信息服务实现一键导航、交通无缝衔接，打造居民出行更便捷更绿色的交通站点出行圈；通过智能水表、烟感器、燃气报警器等动态、无感的公共服务数据采集方式对居家环境进行实时监测，利用基于传感器的数据进行智能监测，来检查健康状态，为高龄独居、空巢、孤寡等特殊困难者提供全方位、全时段的暖心数字守护。

最后，要把文化浸润在每个场景的建设中。数字化平台开设社区画像、事件处理、指挥调度、居住家园、成长梦想、生活梦想等模块；智慧社区APP 包含政府服务、生活休闲、圈子话题、数字出行、智慧医疗、居家养老、智慧教育、共享书房等功能，文化休闲活动可以直接享受线上预订。通过学习、教育、健康等数字化模块体现，使文化进入到养老、幼托、医疗、休闲娱乐、创新创业的全生活链中。要通过文化与科技的融合发展，把未来社区建成文润人心的新载体。

三、关注数据安全

首先，要全面贯彻《网络安全法》（2017 年 6 月 1 日施行），人防和技防"双管齐下"，开展护"数"行动，及时消除社区网络和数据安全隐患，重点聚焦落实安全责任、构建闭环管理机制、提升安全技防手段等，全力捍卫和保护政务网络及政务数据安全，按照"以用促建、标准规范、安全可靠"的原则统筹规划、协同推进社区数据仓建设，是解决"数据可用、好用、易用"与"数据安全"矛盾的主要方法，是悉心呵护场景创新和数据安全的重要手段；其次建议严格遵循《浙江省公共数据条例》《一体化智能化公共数据平台建设导则》等法律法规、规范制度，构建面向数据流程全链路，包括生产、归集、清洗、加工、共享开放等的标准规范、政策制度保障体系，呵护数据高效流通；建立健全数据安全防护体系，加强数据防攻击、防泄露、防窃取等安全防护技术手段建设，强化数据安全监测、预警、控制和应急处置能力。

此外，辅助未来社区建设的除了有城市大脑、社区中脑、APP 各类窗口之外，还来自社区中台对个人生物信息的采集、偏好搜索的大数据抓取基础上，进行的人脸识别、身份认证、需求匹配。因此，社区要处理好信息采集和个人信息安全的关系，以《个人信息保护法》等相关法律为前提，明确个人信息处理活动中的权利义务边界，建议出台保护个人信息的规定；针对"一揽子授权"等问题，健全个人信息保护工作机制；还需要开展信息安全宣传活动，提升居民对于个人隐私的重视程度；最后要鼓励大数据算法向上向善，从源头上保护居民的信息安全，让居民在享受精神文明生活时有更多安全感。

第三节　加强市场参与，有效盘活社会公共资源

社区运营的主体力量主要包括：基层政府及社区居委会、运营主体、场景经营者、社团、志愿者、物业管理机构。除基层政府（及居委会）、

运营单位、经营者外，另外三方力量也在社区共建中发挥重要作用。建议社区要充分发挥政府和市场"两只手"合力，坚持市场化运作，深化、完善、推广未来社区产业联盟，面向央企、国企、民资、外资等多种资本开放，积极引导市场的力量参与未来社区建设，切实调动社会主体的积极性（见图 5–1）。

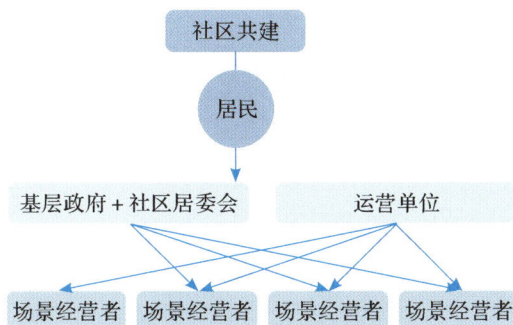

图5–1　社区运营主体力量

一、畅通参与渠道

未来社区项目融资应以不增加政府债务为前提，拓宽社会力量，畅通金融多元支持渠道。一是加大银行信贷支持度。在坚持"房住不炒"前提下，鼓励金融机构积极探索，通过专项授信、银团贷款、债贷结合等多种方式为未来社区建设全过程提供融资支持。在国家有关信贷政策体系框架内对未来社区相关项目实施差异化授信管理，满足相关主体合理融资需求；二是精准授信加强还贷保障。加强融资需求和信贷投放精准对接，支持银行金融机构在未来社区项目实施方案编制期间即开展信贷计划评估指导。建立"未来社区"贷款还款保障制度，支持土地、在建工程或现房作为抵押资产，增强试点项目还贷保障，当抵押资产无法覆盖贷款时，由第三方担保补充增信；三是创新投贷结合、债贷结合金融支持机制。以股权受让和合作开发等形式联合未来社区市场化建设、运营主体，通过债权、股权和信托计划等融资方式对项目予以支持，形成投资—建设—运营共同体。四是确保未来社区创建的资金平衡。新建类未来社区要确保建设资金平衡，通过土地出让收入，以及通过未来社区创建形成的产业税收、经营性收入，可覆盖前期做地成本（拆迁、基础设施投入等）、公益性功能的投入及运营成本。旧改类未来社区要因空间有限，应力争一次性投入完成后的运营期资金平衡，通过惠民性空间、商业性空间的运营收入，覆盖政府在公益性空间、惠民性空间的扶持性补贴和投入。

二、引入优势产业

一是要大力发展社区数字化企业的运营，让其成为与物业服务类似的一项基础服务。一是创新实践合资、合作模式，在资金、技术、管理等方面能深入体现专业性，凝聚各方力量，高效对标市场化需求，营造和迭代美好生活供给，构建未来社区自主创新体系和供需互动良性循环；二是积极引入数字化产业的优势项目，重点打造"社区专班＋多物业＋多社会组织＋数智联盟"的联合创新运营模式，建立社区服务供应商遴选机制，在自愿、平等、互利、合作的基础上成立的跨行业、开放性、非营利性的未来社区产业联盟，激发市场供给力，推动长期化、可持续化运营；三是进一步完善未来社区建设内外联动机制，进行 FEPC+O（一体化实施）、"物业＋未来社区场景"等整体运营模式的探索。对业态还未成熟的已建成社区，可探索由一家运营机构落实整体运营；对物业服务优质，居民满意度高的社区，可探索"物业＋未来社区场景"模式运营；其余社区可由社区进行主导，企业和社会组织按场景分块运营，推进数字化平台迭代升级，打通各主体间体制机制相互贯通的渠道。

第四节　聚焦公益共享，释放数字赋能创新潜力

首先，建议社区聚焦公益性文化事业的发展与人民群众日益增长的物质文化需求的匹配。借鉴新加坡"邻里中心"管理经验，倡导场域空间资源的高效、集约、弹性利用，积极引导社区生活圈各类设施共享使用，打造兼容性设施模块，促进未来社区的共享经济及互助共享事业的蓬勃发展。如"人才公寓＋共享办公＋创业服务"等"场景混合体"，并积极探索如养老与幼儿教育机构联办等功能"跨界融合"新形式，提升设施混合利用效能；强化公益性设施与相关商业化活动空间相融，引发相互间"触媒"效应，提升设施经营能力，如采用"网上预约、错时使用"方式，开辟"多时段"共享活动空间，提升设施弹性利用水平。此外，还要加快整合现实社区和虚拟社区，合理配置各类功能建筑（场所）的类型与规模；注重老人小孩的社区嵌入性和柔性服务需求，开发多端应用，探索授权代理、亲友代办等服务，不断缩小数字鸿沟。

其次，建议以数字技术助力社区公共文化空间营造，利用新技术提高空间规划决策的科学性，保证公共空间建设方向和运营效果。建议推进建立社区空间运营的平衡机制。推进社区按照"公益性、惠民性、商业性"三类空间分类合理制定社区空间运营机制和运营计划，在保障公益性的公共服务、惠民性的服务业态能满足社区居民需求的前提下，通过引进专业

化运营主体、市场化运作等方式积极推进社区商业空间的运营，通过商业性空间的营收弥补公益性、惠民性空间的投入，达到社区空间和业态运营的自平衡。同时，要深入挖掘不同社区的空间、地理、功能特点，聚焦在建筑、文化、产业等不同领域的优势资源，构筑数字特色风貌，让传统文化焕发活力生机，成为融合历史人文、田园特色、产业兴旺的典范。如定期打造社区公共文化周活动，通过线上引流至线下，让社区居民和非社区居民可以更好地交流、学习社区的人文特色，满足居民的文化诉求。同时，要响应党的二十大报告号召，发展全过程人民民主，积极发展基层民主，健全基层党组织领导的基层群众自治机制，加强基层组织建设，完善基层直接民主制度体系和工作体系，如积极鼓励社会参与，开门问策、集思广益，鼓励广大人民群众和社会各界以各种方式为数字化社区营造建言献策，聚民意、集民智、强民生，切实把社会期盼、群众智慧、专家意见、基层经验充分吸收进来，对于积极参与社区建设与发展的居民和组织予以奖励，高品质推动浙系列与邻系列场景应用有机融合，多方联动打造一个为民服务的智慧化社区空间。

第五节 深化流程再造，推进智治善治深度融合

未来社区要切实发挥党建工作的"引领"和"纽带"作用，通过搭建平台在组织社会力量方面发挥的整合性功能，发扬党员的先锋模范带头作用，发挥"智治"优势，达成"善治"愿景。聚焦社区工作者日常工作流程，不断提升社区工作者数字化能力，让社区工作者回归服务群众的本色。一方面，建议坚持以问题为导向的应用及平台设计思路，推动现代化社会治理在基层的应用落地，借助大数据等智能化手段，自动生成与报送各类部门汇总表单，实现多表合一和信息共享，促进社区信息互联互通。同时，积极推动系统接入更多省、市、区的数据平台，利用系统的业务数据，通过多维度研判分析，及时发现基层治理中的热点、痛点、难点问题，实现事件的自动分类、风险评估和工作进度的自动生成，以期实现更多类别场景的协同应用；另一方面，建议在保障和尊重社区居民隐私的基础上，拓展社区信息交互途径，通过家庭小屏幕与社区大屏幕的"双屏联动"，推进治理网络的社区全覆盖，打造"信息速达、需求速知、服务速至"的高效治理闭环。

其次，建议借助数字化的强大动力重塑基层公共服务流程，形成"横向到边、纵向到底"的服务格局，进一步深化社区业务流程再造。第一，构建社区基金会、社区议事会、社区客厅等自治载体和空间，激发多方主体广泛参与社区治理，推行社区闭环管理和贡献积分制，形成社区民情信息库，推举有声望、贡献积分高的居民作为代表共同管理社区事务；第二，全面打造联通街道、社区居委会、社区内社会组织和居民个体的数字化精

益沟通平台和精益服务平台，依托浙江政务服务网和"浙政钉"平台，促进"基层治理四平台"的融合优化提升，梳理社区各项任务，强化基层事务统筹管理、流程优化再造、数据智能服务，打破传统的行政化供给和社会化供给的壁垒，推进数字化治理服务系统功能创新集成，有效推进基层服务与治理现代化；第三，明确街道、居委会、物业公司等商业组织和居民自组织等相关部门在社区治理中承担的责任，建立明确的电子权责清单、事务清单，尤其是解决社区部门间职能交叉和社区部门与社会组织职能交叉的问题，以畅通社区流程，实现社区智治。第四，通过数字化手段建立重大事项协商、难事协调解决和急事快速应对等线上线下共管机制，从而完善社区协商框架、推进社区协商主体多元化。

第六节　统筹全域建设，助力共同富裕与现代化先行

浙江未来社区创建实践初步探索了建设模式、运营模式、功能布局及治理模式四个方面的重构，实现了从"造房子"向"造生活""造社区"、从点上试点到面上推广的转变。2022浙江省未来社区工作目标提出，要加快形成全域推进未来社区建设的工作机制，把现代化基本单元作为推动共同富裕示范区从宏观到微观落地的重要载体，奋力打造高质量发展、建设共同富裕示范区市域范例；2023 年 1 月，浙江省人民政府办公厅发布关于全域推进未来社区建设的指导意见，指出新的工作目标是到 2025 年，全省将累计创建未来社区 1500 个左右、覆盖全省 30% 左右的城市社区，健全全域推进未来社区建设工作的体制机制，使未来社区成为城市社区新建、旧改的普遍形态，到 2035 年，基本实现未来社区全域覆盖，打造共建共享

品质生活的浙江范例。

　　为加快未来社区从试点转向全域建设，首先建议进一步加强顶层设计的创新性、部门协同的可协调性、机制保障的可操作性。一是设置分级分类的建设标准，适应"面上推广"的工作转型。建议加快完善未来社区建设标准，按照"党建统领 + 文化彰显""标配场景 + 选配场景""普惠共享 + 全龄友好""群众自治 + 邻里守望"的要求，结合国家要求，迭代优化未来社区创建指标体系和验收办法。将普遍提升与示范创建相结合，按普惠型和引领型分层分类推进，类型上增加 TOD 轨道交通类、老旧小区改造结合类、安置房整合提升类、商品房整合提升类，使类型与责任主体挂钩，重点关注"一老一小"系统化解决方案，形成未来社区普遍形态。鼓励社区做优公共服务，聚焦健康养老、儿童友好、社团活跃等特色主题推进未来社区建设；二是探索片区综合开发模式，立足未来城市，适时整合未来社区、未来乡村、未来工厂和未来产业等相关工作体系，可在城西科创大走廊全域未来社区以及萧山区传化社区等产城融合型未来社区率先试行，由未来社区的小平衡转为产城片区的大平衡，从短期快进快出的开发模式转向长期投入持续经营的运营模式，推动地块开发商转向城市运营商；三是通过引进优质文化资源提升社区文化生活品质，注重文化基因提炼、传承与发展，将未来社区文化元素融入场景建设与社区风貌打造，落实未来社区文化空间载体。同时要组建居民社团、社群具备群众自发性文化活动营造自生长的社区文化，构建未来社区文化体系，制定鼓励未来社区文化发展的邻里公约，丰富公共文化服务内容，组织开展多维度的未来社区文化活动，以丰富的精神文化活动营造和谐文明的社区邻里环境，提升居民文化认同感和归属感，打造居民共同精神家园，实现精神共同富裕；四是积分应用方面，加快从社区闭环转向社会开放。加快研究社区积分与周边商业资源、公共资源的兑换机制，构建全市域积分通存通兑的路径及政策，扩大社区积分的共享性、开放度和流动性；五是联动推进未来社区建设和城镇老旧小区改造。按照未来社区理念进一步完善城镇老旧小区改造技术导则。将城镇老旧小区改造项目优先纳入未来社区创建项目范畴，鼓励城镇老旧小区与未来社区一体化改造建设，鼓励相邻的城镇老旧小区成片联动创建未来社区。加快补齐城镇老旧小区公共服务短板，通过盘活存量建设用地增建公共服务设施、改造利用既有建筑植入公共服务功能、依托周边新开发用地配建邻里中心等方式，推动落实各类公共服务和普惠服务；六是持续迭代数字化平台。加快"浙里未来社区在线"重大应用的部署贯通，建立人、房、小区、未来社区关系数据库和未来社区公共服务设施数据库，形成全省统一的城乡房屋编码系统，推广通用基础应用和公共组件，完善社区智慧服务平台。开展社区场景运营动态评价，加强信息安全管理和个人隐私保护，推进数字社会应用集成落地，着力构建未来社区数字化全域推进模式；七是总结提炼浙江经验，在未来社区全域建设中，要注重传承浙江人文精神内涵、植入历史文化元素，体现浙江生态优势、人文优势，在城市社区有机更新中梳理历史脉络和文化肌理，留存地方印记、唤醒乡愁温情，为全国提供更多可复制推广的浙江经验。

附　录

附录 1　《浙江省城镇未来社区验收办法（试行）》数字化相关部分

四、数字化平台落地性

本项满分 80 分，采取评分制，达到 56 分以上符合要求。本项从数字化实施方式、社区物联网支撑能力、平台基础支撑能力、社区应用建设情况、系统使用体验情况、数字化营运情况等方面，考核未来社区数字平台的时效性、落地性，以及社区整体智治水平（见附表 1–1）。

附表 1–1　数字化平台落地性评价细则

评价领域	评价标准	分值	评分依据
数字化实施方式（15 分）	按照实施方案推进数字化建设，完成 80% 以上的，得 8 分；完成 70% 以上，得 6 分；完成 50% 以上的，得 4 分，完成 50% 以下的不得分。	8	实施方案数字化专篇；相关应用截图与使用录屏等佐证资料；系统建设技术文档；验收自查表等资料。
	具备统一数字化建设主体，若数字化建设存在多主体，需明确协同工作机制，正常运作并提供工作台账，得 3 分，提供工作台账但不全的，得 1 分，否则不得分。	3	数字化建设合同；协同机制证明文件；工作台账。

评价领域	评价标准	分值	评分依据
数字化实施方式（15分）	具有统一的社区数字化应用用户体系，采用单点登录、账户同步、平台提供独立账户信息中心等方式的，得3分，存在超链接跳转、二次登陆或二次验证的，得1分，未建立统一用户体系的，不得分。	3	后台用户体系展示；功能实测；技术设计说明书。
	具备面向各方用户的社区数字化应用配套培训机制，满足得1分。	1	培训计划、记录（签到表等）、培训资料。
社区物联网支撑能力（8分）	具备完善的社区数字基建，能够支撑社区真实运营需求。实现三类基础需求（人行、车行、安防）的，得1分；每额外支撑一个场景的，加0.5分。满分4分。	4	相关技术文档；系统在线展示（设备空间分布、在线率等）。
	具备统一的社区物联引擎，能够对物联终端进行统一接入与管理。物联引擎能接收所有物联数据的，得2分；物联引擎可下发业务指令至物联终端、改造现有业务流程的，得1分；在上述功能基础上，物联引擎具有数据分析能力、能全面赋能业务的，得1分。	4	系统在线展示；相关技术文档。
平台基础支撑能力（20分）	具备完善的社区数据仓，存储社区空间、人、车、房、物等数据资产，具备动态数据记录及管理能力，赋能九场景落地应用。完成基础数据建库，具备动态数据管理功能的，得2分；标准化数据接口，已实现内外部数据共享的，得2分。	4	数据仓设计方案；系统演示。
	具备应用快速集成落地能力： 1、社区智慧服务平台具备标准应用接口，如用户、停车、门禁、积分等，得2分； 2、可低代码快速部署实现应用上线，采用"商城＋平台"模式的，得2分，采用其他低代码开发方式，得1分，未实现不加分。	4	相关技术文档；接口服务调用展示；应用功能实测；系统在线展示。

评价领域	评价标准	分值	评分依据
平台基础支撑能力（20分）	具有社区三维空间数字资产（新建类社区使用 BIM 三维数据构建未来社区 CIM 应用、旧改类社区采用实景三维模型辅助空间治理服务）。具有上述三维空间资产的，得 2 分，能结合业务（如设备管理、空间管理等）应用三维资产的，根据应用效果得分，满分 2 分。	4	BIM 模型或实景三维模型线上展示；系统在线展示。
	社区智慧服务平台按省级在线平台要求实现社区运行数据定期线上报送的。完成的，得 5 分；部分贯通的，根据贯通情况得 2–4 分；未完成的，不得分。	5	系统演示（社区智慧服务平台与省级管理系统数据对照）。
	具备网络安全保障和主机安全防护设施的，得 1 分；具备隐私保护设施的，得 1 分；具备安全运维机制的，得 1 分。	3	相关技术文档；运行台账；安全应急预案。
社区应用建设情况（25分）	至少打造实施方案计划的 3 个高频社区应用，单个应用平均日活跃度应大于 50 人次，得 4 分（少于 3 个应用不得分）。每多一个高频社区应用，加 2 分，满分 8 分（门禁、安防、停车、报事保修等物业基础应用属于必备项，不计入此项评分）。	8	相关技术文档；后台数据统计；应用功能实测；省级在线平台。
	具备长效应用迭代机制，社区应用能常态化保持更新。已依托合作协议或合同形成长效运维机制的，得 2 分；当前开展迭代工作的，得 1 分。	2	有关合作协议或合同；相关运维文档。
	每实现数字社会 1 个"有"场景落地并正常运行的，得 3 分，满分 12 分。实现 2 个及以下的，该项不得分；如已列入数字社会试点社区的，未按期完成任务，该项不得分。	12	相关技术文档；应用功能实测；浙里办上架情况；省级在线平台。

评价领域	评价标准	分值	评分依据
社区应用建设情况（25分）	数字化系统能衔接各运营主体，对实施方案中计划打造的场景能实现线上线下服务联动。每完成一项服务联动加1分，满分3分。	3	相关技术文档；应用功能实测。
系统使用体验情况（6分）	治理端（浙政钉）能够为各级管理人员形成相应的管理界面的，得1分；运营端能够为物业、运营以及生态链服务企业提供入口的，得1分；居民服务端具备统一入口，可依托"浙里办"或本地服务端口作为主要入口，得2分。	4	相关技术文档；应用功能实测；系统在线展示。
系统使用体验情况（6分）	应用页面设计合理、界面操作便捷，信息真实且更新及时，加1分；访问服务页面顺畅且无报错闪退情况的，加1分。满分2分。	2	应用功能实测。
数字化营运情况（6分）	明确数字化营运主体，并已开展融合运营的，得2分；运营已取得明显成效的，根据运营效果酌情赋分，满分4分。其中，平台注册用户数不超过社区常住居民数30%的，不得分；纳入数字化营运的应用日均活跃度不超过5%的，不得分。	6	合同等相关证明材料；运营流程及规章制度等材料；平台后台数据；省级在线平台。

附录2　《未来社区数字化建设指引（试行1.0版）》

为贯彻落实省委省政府关于全面加快未来社区建设和全面推进数字化改革的指示精神，把未来社区打造成为数字社会综合应用核心业务场景、共同富裕现代化基本单元，更好更快高质量推进未来社区数字化建设，特制定本指引。

一、适用范围

列入省级未来社区试点和创建名单的项目，适用本指引。各地自行开展的其他形式未来社区创建活动，可参照执行。

二、建设原则

一是强化顶层设计。根据全省数字化改革总体要求和数字社会系统建设方案，统筹推进未来社区数字化顶层设计，依托未来社区数字化总体架构等一系列标准规范，充分协调和整合现有资源，建设可承接政府、社会、物业、市场主体、居民等多元对象需求的社区智慧服务平台。以党建为统领，构建共建共治共享格局，实现跨部门、跨层级、跨区域的未来社区数字化治理和服务。

二是坚持问策于民。紧紧围绕建设人民美好家园的总目标，以征集民意、分析民意为重要工作基础，把未来社区数字化服务民生、普惠大众的建设要求贯穿到未来社区数字化建设和运营全过程。着力提升政府治理能力，高效链接多种类型的公共服务，满足全龄段居民的数字化服务需求，消除"数字鸿沟"，将居民赞不赞成、满意不满意作为衡量数字化建设成效的根本标准。

三是推动低本高效。充分整合利用城市大脑等已有数字化工作基础，充分发挥数字产品低成本可复制的优势特点，推动开放兼容、智慧互联。强化标准引领，建立健全未来社区信息化建设、管理和维护的标准规范，推动标准化社区智慧服务平台落地，优化"服务应用商城＋社区智慧服务平台"建设模式。鼓励市、县（市、区）、镇街全域社会治理和公共服务数字化统筹推进，促进信息资源高效综合利用，降低单项目数字化建设成本。

四是注重融合运营。以长效运营为导向，加强资源统筹，围绕基层治理及居民服务需求，结合社区现状及当地城市大脑建设情况，探索政府引导、市场运作、公众参与的未来社区数字化运营可持续模式，全面融入整体运营体系中。明确数字化建设主体、管理主体和运营主体职责，通过保障基础服务，打造多元增值服务，不断发展良性循环的服务生态体系。

三、建设目标

未来社区数字化建设是未来社区"139"架构的重要组成部分，即在社区空间尺度范围内建设社区智慧服务平台，构建智能感知系统形成社区数字基建，根据数字化改革总体要求和数字社会系统建设方案，充分衔接行业主管部门现有应用系统和数据资源，贯通一体化智能化公共数据平台和城市大脑，承接社会事业"12个有"优质公共服务精准落地。基于数据安全与隐私保护准则，高效链接服务应用商城和社区个性化、品质化、市场化服务，整合形成社区九大场景高质量应用，形成可持续、自循环、优服务的运营模式，打造数字社会城市核心应用场景、共同富裕现代化鲜活单元。

四、建设内容

坚持需求导向、问题导向、结果导向，因地制宜开展未来社区数字化建设，主要建设内容有：

（一）重点任务

一是推动标准化未来社区智慧服务平台落地

社区智慧服务平台是社区数字化应用和服务的支撑平台，是未来社区数字化建设的核心部分，是保障社区数字化安全稳定运行的操作系统，应具备"轻量化、按需使用、开箱即用、低成本"的特点，可快速实施基层数字治理，实现硬件、软件及空间的高效集成，保障用户隐私安全，实现全场景供给。标准化社区智慧服务平台以"1N93"为总体框架，即"建设一个数字底座，落地 N 个应用，数字化赋能打造九大场景，融合治理端、运营端和服务端三端入口"（见附图 2-1）。数字底座需具备兼容、可靠、安全的基层数据治理能力和应用集成能力，由社区物联引擎、社区数据仓、空间数据资产和社区应用能力中心等部分组成。N 个应用应紧紧围绕政府治理及居民服务两个维度进行整体谋划，充分利用现有全域数字化成果和资源，以打造高频应用为重点，赋能九大场景精准落地。三端入口应以高效治理和居民体验为出发点，其中治理端（浙政钉）为各级管理人员根据各自的职能形成相关的管理界面；运营端为物业、运营以及生态链服务企业提供入口；居民服务端可依托"浙里办"或本地统一的服务端口作为主要入口，兼容支付宝、微信等应用小程序入口，按需引入智能交互终端，满足全年龄段人群服务需求。总体结构如下图：

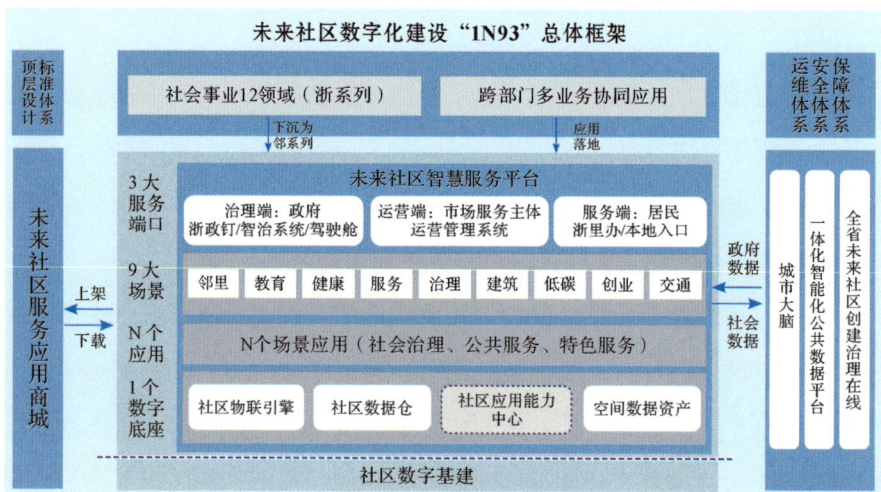

附图2-1　未来社区数字化建设"1N93"总体框架

如市、县（市、区）、镇街实施全域社会治理和公共服务一体化平台建设，涉及社会治理及公共服务的部分场景应用、数据仓、应用能力中心等，可根据现有系统资源统一规划、建设和运营。

社区物联引擎为社区数字基建提供物联技术服务，基于统一标准提供社区智能化设备认证、接入、监控、控制及管理能力，可实现社区内物联感知设备间、设备与业务应用系统间的运行联动。

社区数据仓实现社区数据的汇聚、治理和应用。汇聚社区物联感知数据、应用服务数据及社区各主体活动数据，包括社区空间、人、车、房、物等资产数据和动态记录数据存储及管理功能。在原有数据资产基础上，充分考虑数据安全与隐私保护，通过标准化数据接口对接城市大脑，全面对接下沉的政府治理数据和数字社会公共服务数据，赋能九场景落地应用，建立数据迭代更新机制，通过高频应用推动数据治理。

社区应用能力中心为城市大脑、数字社会和服务应用商城在社区智慧服务平台上实施应用提供标准的 API 接口，提供应用承接及落地集成的能力。通过社区统一的空间、用户、积分、权限、支付、评价、停车、安防等社区标准应用服务，实现应用接入、验证、发布等标准化管理，避免碎片化应用建设，有效降低成本、减少重复开发。

空间数据资产是社区建设管理中积累的空间基础数据，基于"未来社区 CIM 基础平台"的标准化空间服务能力，实现社区空间全要素数字化、全状态可视化、管理精细化。对于新建类社区，应使用建筑信息模型（BIM）构建 CIM 应用，鼓励开展正向 CIM 应用和数字孪生建设；对于旧改类社区，可采用实景三维模型形成数字虚拟空间辅助治理和服务，有条件有需求的社区可开展 CIM 应用和数字孪生建设。

二是构建智能感知系统形成社区数字基建

结合社区数字化建设涉及面广、涵盖的数据种类多、资源相对分散等特点，基于统一标准构建以社区网络层、终端层以及物联网设备接入层为核心的智能感知系统，形成社区数字基建，完成社区数据的实时采集与快速传递，为未来社区数字化建设提供坚实支撑。

社区网络层为未来社区物联设备提供可靠、可信、可管的网络连接能力，应支持有线、无线以及光网络融合等多种网络接入方式，保障数字化应用优质服务体验及安全稳定运行。

社区终端层为数字化应用提供终端设备感知与执行能力，由信息设施系统、建筑设备管理系统、安全技术防范系统等智能化设备终端组成。

物联网设备接入层提供标准的接口接入社区物联引擎，实现智能化终端设备和子系统的预集成。可采用边缘计算等技术，实现安全可靠、低延时、低成本、易扩展的设备接入。

三是贯通城市大脑承接多跨场景应用精准落地

实现城市大脑与社区智慧服务平台纵向对接贯通，为社区智慧服务平台提供公共、通用且技术标准统一的智能组件，如社区用户的实名认证服务、人脸识别技术、标准身份认证等服务，以及社区内人员结构、年龄层分布、人口流动性数据画像、婴幼儿童及老年人数量等数据模型，实现公共服务应用和数据治理组件的统一规范提供，避免分头建设、重复投入。

以治理需求和居民服务为导向，对标未来社区九大场景落地要求，梳理形成数字化高频应用事项清单，以场景应用为牵引，实现数字社会 12 领域"浙系列"场景与未来社区"九大场景"有机融合，通过与社区用户体系、数据资源和配套场景等的打通在社区空间落地，形成社区场景"邻系列"应用在社区空间的精准落地。以社区为载体，以第三方服务为重点，有机融合市场侧应用服务，满足居民对社会事业普惠性公共服务的需求，打造典型高频应用"金名片"。

四是连通服务应用商城实现应用全生命周期管理

充分发挥数字产品低成本高可复制性优势特点，通过政府规范引领、企业主导建设，构建"服务应用商城 + 社区智慧服务平台"的建设模式，通过聚合软件开发商、硬件供应商、系统集成商、九大场景服务运营商等的优质应用和服务，覆盖未来社区数字化设计、建设、管理、实施、运营全生命周期，以开放标准及低代码开发方式构建多元承载的未来社区数字化应用服务市场。在设计建设期，通过按需下载、标准部署和弹性服务等实现应用的快速分发和高效落地，解决数字化低水平、重复建设的问题，实现数字化建设的低本高效、可复制。在运营期，按实际运营需求从服务应用商城下载或删除数字化应用，实现应用服务体系的有机更新和迭代，并透出全省高频应用最佳实践，满足数字化运营商对长效运营的需求。

（二）基础支撑

一是整合已有建设成果实现集成创新

社区智慧服务平台建设需充分整合利用已有数字化工作基础，统筹同公安雪亮工程、智安小区平台、智慧物业、基层治理四平台等数字化成果进行有效联动、集成应用，充分发挥现有数字化成果的综合集成创新效应。按需完善原有社区智能感知设备网络，联动社区智慧服务平台，实现对社区数字化覆盖扩面和功能提升，全面提升社区智能化水平和成效。

二是落实场景配套空间实现线上线下融合

在创建过程中，因地制宜规划设计九大场景服务配套空间，为社会事业"12 个有"多跨应用在未来社区精准落地提供必要的空间载体，数字化应用需充分与之实现无缝对接，并按需推进空间数字化覆盖扩面和功能提升，实现线上线下服务的融合。

三是加强数字化安全保障实现可信可控可管

坚持"属地管理，谁主管谁负责"的原则，落实各方的安全责任，依照国家网络安全相关法律法规，健全网络安全保障体系，构建云、边、端三位一体的安全防护能力。平台应具有高度的安全性，从网络传输安全、操作系统安全、数据存储安全、应用接入安全等多个维度全方位保障平台的安全性；数据安全要求存储于政务云的数据需实现与外界的隔离保护；对例如身份证等敏感信息做加密与脱敏存储；通过动态签名机制、操作系统安全加固、数据库系统安全加固、非对称加密技术、接入鉴权等来保障系统安全设计的落地实现，并配以规范化的安全管理组织架构与运维规则，实现平台安全的全面可控。

五、建设要求

（一）方案编制期。明确数字化建设顶层设计，可选择专业第三方团队进行数字化咨询，鼓励采用建设、管理、运营一体化建设模式。根据未来社区创建要求，方案编制单位在充分征集民意的基础上，应加强内外部统筹协调，强化规划设计、数字化、运营等专业衔接，在申报方案中体现完整的数字化方案。应尽早确定数字化实施主体，组建由建设方、实施方等组成的数字化专项工作组，对建设和运营的资金投入应有相对明确的测算。

（二）建设推进期。以百姓需求为导向，落实数字化技术设计方案，充分利用政府与市场化资源，明晰政府侧和市场侧的职责边界，制定数据安全及隐私保护策略，统筹推进平台建设和数字社会公共服务多跨应用落地，确保数字化建设有序有质推进，重点打造高质量高频应用。通过各种形式加强数字化成果宣传及推广，及时响应居民反馈的问题，对应用快速迭代升级。在确保数据安全与保护隐私的基础上，按要求上报落地应用的建设情况及使用情况。

（三）验收交付期。在项目验收及交付时，应充分调动居民参与度，将居民数字化体验满意度、落地应用使用频率、日活月活情况等作为重要验收依据。正式交付前，应确保建设及试运行期间数据资产的完整移交，保障后续数字化可持续迭代升级。系统交付后，应确保系统稳定安全运行，设置合理的使用和管理权限，妥善处理好政务云与企业云间的数据交互安全等问题。

（四）持续运营期。系统性开展数字化运营，保障应用场景线上线下服务闭环，通过服务应用商城持续引入高质量的数字化服务资源，以社区空间为线下载体，通过线上内容、社群、活动、积分、增值服务等提升社区居民的参与感、获得感和幸福感。依托社区智慧服务平台的场景服务数字化工具，实现各类场景运营服务的降本增效。按要求定期上报本社区应用运行情况，通过精准的数据评价阿尔的机制筛选出高频应用、最佳实践，开展典型案例交流推广。